Petra Schaub
Dieser Stern am Himmel ist meiner,
er trägt den Namen »Sina«

Petra Schaub

Dieser Stern am Himmel ist meiner, er trägt den Namen »Sina«

Der plötzliche Tod einer 12-Jährigen

edition fischer

Bibliografische Information der Deutschen Nationalbibliothek
Die Deutsche Nationalbibliothek verzeichnet diese Publikation in
der Deutschen Nationalbibliografie; detaillierte bibliografische
Daten sind im Internet über http://dnb.d-nb.de abrufbar.

© 2016 by edition fischer GmbH
Orber Str. 30, D-60386 Frankfurt/Main
Alle Rechte vorbehalten
Schriftart: Times 11,5°
Herstellung: efc/bf
ISBN 978-3-86455-040-9

Einen Weg gibt es immer,
lerne ihn zu verstehen und beschreite ihn!
(Petra Schaub)

Vorwort

Nach fast 2 Jahren, genau 1 Jahr, 8 Monaten und 4 Tagen habe ich die Kraft, dieses Buch zu schreiben. Am 14. Februar 2013 habe ich meine Tochter verloren. Am Valentinstag ist sie gestorben. Ich möchte euch in diesem Buch meine Tochter vorstellen. Die Geschichte erzählen, wie sie mich verlassen hat und ich viel an mir arbeitete, Neues erlernen musste.

Ich erzähle, wie ich meinen Weg gefunden habe und möchte Betroffenen Mut und Kraft geben, sich auf diesen Weg zu machen.

Dann schreibe ich natürlich für meine Sina. Sie hätte Freude daran. Ich glaube, wo immer sie jetzt ist, mit Stolz erfüllt begleitet sie mich auf dem Weg, dieses Buch zu schreiben.

Am Anfang meines Weges habe ich viele Briefe an Ärzte und Freunde geschrieben, in denen ich ausdrückte, was ich in Worten nie so ausdrücken konnte, dies hat mir sehr gut getan und mich einen Schritt weiter gebracht. Nun möchte ich dies auch mit meinem Buch bezwecken.

Für all die, die Sina kannten vom Sehen her, wussten, wer sie war. Ich möchte sie auch denjenigen gerne vorstellen und eine Geschichte dazu geben. Ich möchte ihnen zeigen, wer und wie sie war. Jedem, der mich trauernd sah, die Schminke im Gesicht verschmiert und Tränen in den Augen, möchte ich zu verstehen geben, was mir genommen wurde.

Ich selber lese gerne wahre Geschichten. Das erste Buch nach dem Tod von Sina war »Deine Schritte im Sand. Das kurze, aber glückliche Leben meiner Tochter«. Nach dieser

Geschichte fühlte ich mich nicht mehr so alleine. Natürlich habe ich eine Familie hinter mir, die mich tröstet, die mich mit Worten beruhigt und für mich da ist. Freunde, die nach mir sahen, kochen wollten, den Haushalt machen und für uns, die Trauerfamilie, da sein.

Ich als Sinas Mutter kann fühlen wie eine Mutter, das kann auch nur eine Mutter mit diesem Erlebnis, nur ein Papa wie ein Papa und auch nur ein Bruder wie ein Bruder.

Ich höre oft: »Ich kann mir das nicht vorstellen.« Ich hätte es mir vorher auch nicht in meinen schlimmsten Träumen vorgestellt, wie das sein könnte, eines meiner beiden Kinder zu verlieren.

Nach Sinas Tod, sie fehlt mir. Ich möchte es nicht glauben, wieso Sina? Ich wollte schon von einem Haus hinunterspringen und zu ihr gehen. Meine verwirrten Gedanken haben mir gesagt:»Hätte sie Freude? Ist sie auch dort, wo ich hingehe? Wohin kommt man, wenn man stirbt? Was ist der Tod? Ist der Tod nur dazu da, um mir weh zu machen? Findet dieser Tod mich böse, hat er mir deshalb meine Sina weggenommen?«

Ich musste mich zuerst einmal mit dem Tod vertraut machen, meine Fragen versuchen zu beantworten. Nur wie? Wer weiss Bescheid? Ich bin ein realistischer Mensch, trotzdem musste ich mir meine Fragen mit Hilfe der Esoterik begreiflich machen.

Ich glaube, was ich sehe und was ich beweisen kann. Versuche einmal, den Tod realistisch zu erklären. Dies würde dann in etwa bedeuten: Tod ist nicht mehr da sein. Mit dem habe ich mich und kann ich mich noch heute nicht anfreunden, dass man sich mit dem zufrieden gibt oder tröstet.

Der Tod holte, bis vor Sinas Tod, alte Leute, Menschen, die ihr Leben gelebt haben. Sina war aber doch erst 12 Jahre!

In der Esoterik finde ich eine Erklärung, die mich beruhigt, die mich tröstet und mir den Tod doch auch etwas erklären konnte. Mit dem Thema möchte ich euch in einem Kapitel einen der Wege zeigen, mit einem solch schrecklichen Schicksal weiter zu leben. Einer der Wege, die für mich stimmten, es muss nicht deiner oder eurer sein.

Ich konnte zuerst gar nichts mehr glauben, nicht einmal an jemanden glauben und schon gar nicht mehr an mich. Dieses Gefühl ... du bist da, existierst und funktionierst. Du tust Dinge, nur weil du dich erinnerst, wie du es vorher gemacht hast. Für dich gibt es doch eigentlich nur noch ein Loch, tiefe Dunkelheit. Dein Herz ist zerrissen, es tut einfach nur noch weh.

Gegessen habe ich, weil mir gesagt wurde, dass ich etwas essen müsse. Zu Bett ging ich, weil alle anderen auch gingen.

Ich habe sehr schnell begriffen, mein Befinden regierte unseren Alltag, unser gemeinsames Leben, das Klima um mich herum.

Ich kann es nicht ertragen, wenn ich sehe, wie mein Umfeld leidet. Dies gab mir einen Schub, den Schub voranzugehen.

Sina hat einen Bruder, mein ganzer Stolz und meine ganze Liebe, Mike.

Er machte Sina so oft das Leben schwer, doch sie liebte ihn, sie wird das immer noch tun, wie auch Mike seine kleine Schwester liebte und es immer noch tut.

Ihr Papi, auf den war und ist sie stolz. Er ist Musiker, sie mochte es, wenn er Konzerte gab und sie T-Shirts verkaufen durfte. Sinas Papi und ich haben uns getrennt, da war Sina erst ein Jahr alt. Mein Ex-Mann und ich haben und hatten immer ein gutes Verhältnis, es hat einfach nur nicht mehr ganz gepasst. Ich behaupte, unsere Kids haben nicht darunter gelitten, es geht nämlich auch so. Sina sagte dazu:»Mami, ist das nicht cool, ich kann jedes zweite Weekend in die Ferien.« Dies war eine typische Aussage von ihr.

Ich habe mit meinen Kindern 6 Jahre alleine gelebt. Mein Lebenspartner Dani zog zu uns, als Sina noch nicht ganz 7 Jahre alt war. Timm zog zu uns im Sommer 2013. Im Abschnitt Timm und Sina schreibe ich euch eine schöne Geschichte dazu, Sina durfte es leider nicht mehr miterleben.

Ich habe es schon so oft erlebt oder davon gehört: Betroffene von einem Schicksal gründen eine Stiftung, haben den Drang, Gutes zu tun. Auch ich möchte etwas bewirken.

Ich möchte dieses Buch veröffentlichen, möchte einen Gewinn erzielen und dieses Geld möchte ich einer Stiftung für Kinder zukommen lassen.

Dieser Gedanke, mein Vorhaben gibt mir ein gutes Gefühl, etwas Gutes zu tun.

Seit dem November 2014 schreibe ich an diesem Buch. Wenn ich jemandem von meinem Vorhaben erzählt habe, kam mir so oft ein Schmunzeln entgegen. Ich hörte so oft: »Und wenn es dir nur zu deiner Verarbeitung dient …«

Vielleicht werde ich auch nur, genau wie an dem Abend, als meine Tochter verstarb, nicht ernst genommen?

Bevor ich jetzt euch mein Töchterchen vorstelle, rate ich euch, auf YouTube zu gehen und Sina Schaub einzugeben. Zwei bezaubernde Mädchen haben zu Ehren von Sina zwei Videos erstellt, lasst euch verzaubern von der Musik und den Fotos.

Die Sterne sind nun dein Zuhause;
ich konnte dich nicht halten;
am Abend leuchten sie zuhauf;
meine Liebe wird nie erkalten.

***

Du bist im Wind, der mich liebkost;
im Regen, der mich küsst;
nun endlich lass ich dich los;
weil du stets bei mir bist.

***

Du schenkst mir warme Sonnenstrahlen;
wenn ich verzweifelt bin;
du wirst mir bunte Blätter malen;
mir meinen Sinn.

***

Ich schick dir einen Luftballon;
mit Liebe prall gefüllt;
Er steigt gen Himmel, fliegt davon;
und Freude mich umhüllt.

***

Ich denk' an dich an jedem Tag.
Ich hab' dich nie verloren;
niemand ahnt, wie ich dich lieb;
denn ich hab dich geboren.

Mami

Sina

Sina kam am 28. Juli 2000 zur Welt, ein Millennium-Kind. Man sagt, diese sind besondere Menschen. Sie sind herausfordernd, hedonistisch und experimentell. Als hedonistisch wird eine Lebenseinstellung bezeichnet, die sich Lust und Freude im Leben an erste Stelle setzt und negative Gefühle und Empfindungen vermeidet. Ganz ehrlich, ich musste googeln, um auf das Wort hedonistisch zu kommen, doch das Wesen von Sina ist damit perfekt erklärt. Denn meine Worte gingen so oft wieder einmal Sina »am Arsch vorbei«. Ich konnte mit Sina streiten, wie oft habe ich ihr gesagt: »Sina, so geht man nicht durchs Leben, mir tut das Herz weh von deiner Einstellung.«

Hatte Sina Streit mit einem Kind, mit dem sie gerade spielte, dies tat ihr nicht weh, kein schlechtes Gewissen, keine Schuld plagten sie. Nein, sie vergnügte sich anderweitig und vertraute darauf, dass dieser Krach sich wieder legen wird.

Im chinesischen Tierkreiszeichen habe ich gelesen, die Kinder im Jahr 2000 haben das Symbol des Drachen.

Dieses Symbol war das des Kaisers, der saß auf dem »Drachenthron« und durch sein vorbildhaftes Leben sollten alle beeinflusst werden. Über diese Menschen wird gesagt, dass sie gesund sind, energiegeladen, langlebig, leicht erregbar, ungeduldig und hartnäckig.

Sie sind aber auch zuverlässig, ehrlich, mutig und strahlen Selbstvertrauen aus. Sie mögen es, ehrliche und harmonische Menschen um sich zu haben. Sie möchten perfekt sein und verlangen dies auch von den anderen. Sie zeigen immer ihre positiven Seiten, neigen zum übertreiben beim Vorbild für andere sein. Drachen haben einen festen Willen, was sie anpacken, endet erfolgreich, egal was. Sie sind exzentrische Persönlichkeiten und passen gut zu Menschen, die im Jahr der Ratte, des Hahns, der Schlange oder des Affen geboren sind.

Der Drache passte zu Sina. Als Kind war sie sehr viel krank, hatte ständig Angina mit sehr hohem Fieber. Als wir dann die Rachen- und Gaumenmandeln operieren ließen und in ihren Ohren ein kleines Röhrchen eingebaut haben, hat sich alles geändert. Sina war im Alter von 5 bis 12 Jahre praktisch nie krank und wenn, war es wirklich nur eine kleine Erkältung. Manchmal hat sie auch krank gespielt, damit sie auch mal von der Schule fern bleiben durfte.

Als Sina und ich an diesem Abend auf den Notfall fuhren, sagte Sina: »Mami, ich bin jetzt wirklich krank.« Natürlich war sie dieses Mal wirklich krank, doch hatte ich keine Ahnung, wie krank sie wirklich war und ich nur noch mit ihr und von ihr 3 Stunden und 2 Minuten habe.

Ja, energiegeladen war sie wirklich. In einem Album von Sina hat es Fotos, stetig auf Achse, immer etwas am Tun und schon mit der nächsten Idee in ihrem Kopf unterwegs. Unter diese Fotos habe ich geschrieben: »Sina, woher hast du immer diese Energie genommen?«

Langlebig, das passt sicher nicht in dieser Form zu Sina. Dies kann auch heißen unveränderlich oder zäh. Sina war Sina, entweder konnte man dies akzeptieren, oder man hatte Pech und die Freundschaft zu ihr kam sicher nicht zu Stande. Zäh, in der Nacht als Sina starb, brachte sie einen Marathon mit mir von 16:30 bis 23:10 Uhr hinter sich, ohne ein Jammern, ohne sich zu beklagen, sie funktionierte einfach und starb von einer Minute auf die andere, dies ohne Wiederkehr, dies fest entschlossen.

Unveränderlich, sie konnte man bearbeiten und auf sie einreden, wie man wollte, im Alter von 2 bis 10 Jahren war sie ein Original von sich. Sie trug lieber von ihrer Art, wie sie war, die Konsequenzen, als dass sie sich verändert hätte. Im Alter der pubertären Phasen spürte ich dies nicht mehr, sie veränderte sich auch in dieser Zeit, sie wurde fürsorglicher den Mitmenschen gegenüber, sie war auch oft traurig, es gab plötzlich Situationen, die auch meiner Sina weh taten.

Leicht erregbar, ungeduldig und hartnäckig, diese Eigenschaften waren ihre, denn ich habe mir an ihr so oft die Zähne ausgebissen. Dieses Mädchen, meine Tochter, brachte mich so oft auf die Palme, von der ich ganz schnell herunterkam, denn es brachte kein Ergebnis. Sie war sie, meine Tochter.

Ich bin im Jahr des Schweins geboren. Ihre Eigenschaften sind Glanz und sich benehmen wie Kavaliere. Was sie tun, tun sie mit ihrer ganzen Energie und Kraft. Aufgeben oder Zurückweichen gibt es nicht.

Diese Eigenschaft erklären die unermüdliche Geduld für meine Tochter und den starken Glauben an sie.

Sie sind zum Glück sehr tüchtig und erreichen meist ihr Ziel.

Freundschaften wählen sie sorgfältig aus, doch haben sie diese geschlossen, sind sie von längerer Dauer, da sie loyal zu ihnen stehen. Sie sind wissensdurstig und sind gerne sehr gut informiert. Trotzdem sind sie nicht sehr redselig und gehen Diskussionen und Streitereien so gut es geht aus dem Weg. Sie passen am besten zu Menschen, die im Jahr der Ratte oder des Schafs geboren sind.

Dieses Schwein passt sehr gut zu mir. Ich erkläre mich oft als 4,5 Noten Mensch. Gut anpassungsfähig, kann mich überall durchschlängeln. Diese Eigenschaft teilte Sina nicht mit mir, dies war auch dann meist ein Grund, dass wir uns in die Haare bekamen, denn sie verstand mich nicht und ich sie nicht; mir tat dies dann richtig weh.

Nicht sehr redselig und gehen Diskussionen und Streitereien so gut es geht aus dem Weg. Nein, ich kann dies sehr gut. Sina war ein Plappermaul und von jemandem musste sie diese Eigenschaft haben.

Streiten kann ich und Sina konnte es sehr gut.

Meine Freundschaften halten wirklich lange, eine meiner Freundinnen kenne ich, seit ich 17 Jahre alt bin. Sie ist das Gotti von Mike und Sinas beste erwachsene Freundin. Mamis Nerven und die eigene Familie geht einem so oft auf den Keks, dann meldete sich Sina so oft bei ihr und Sinas Welt war wieder in Ordnung.

Sina und ich sind zwei Gegensätze, die sich gefunden haben und keine wollte mehr ohne die andere sein. Wir haben gelernt, uns so zu nehmen, wie wir waren. Jetzt kommt's:

Sina und ich sind beide im Sternzeichen Löwe geboren. Ich am 24. und Sina am 28. Juli.

Ich habe den Aszendenten Waage, Sina den Fisch. Im Mond ich Löwe, sie Krebs und Merkur ich Löwe und sie Krebs.

Sina ist um 22:50 Uhr zur Welt gekommen und um 23:10 Uhr hat sie uns verlassen. Sina war ein Nacht-Löwe, ich bin am Tag geboren, dies vielleicht der Grund, wieso wir, im gleichen Sternzeichen geboren, doch so unterschiedlich waren.

Ich ging mit Sina in eine Cranio-Sacral-Therapie. Mit feinen manuellen Impulsen, welche die Eigenregulation des Körpers einleiten, werden Blockaden gelöst und die Vitalfunktionen stabilisiert.

Cranio-Sacral-Therapie hilft bei Migräne, Nacken- und

Rückenschmerzen, nach Unfällen und Operationen, nach körperlichen oder emotionalen Traumata, in belastenden Lebenssituationen, bei Störungen des vegetativen Nervensystems, bei Stress und Erschöpfung.

Die Therapeutin meinte, Sina gehe es gut, sie sei einfach immer wieder nicht geerdet.

Auch dies sagt man über die Millennium-Kinder. Dies bedeutet so viel wie: wenn die Erdung fehlt oder nur unzureichend vorhanden ist.

Zuerst ein Beispiel. Ihr alle kennt euch aus mit elektrischen Geräten. Jedes Kind weiß heute, dass ein Radio nur dann läuft, wenn es an eine Stromquelle angeschlossen ist. Der Stecker muss ganz in die Steckdose hinein. Es nützt nichts, wenn man den Stecker in die Nähe der Steckdose hält, das Radio läuft in diesem Fall nicht.

Genauso ist es bei uns Menschen. Es nützt nichts, wenn wir fast auf der Erde stehen. Nein, wir müssen mit beiden Beinen fest auf der Erde stehen, dann sind wir eines dieser Verbindungstücke zwischen der geistigen und mentalen Welt.

Ich denke, Sina war eine nicht einfache Person, so oft gingen die Meinungen von mir nicht mit ihrer Meinung auf. Wer aber Sina kannte, versuchte, sie zu verstehen und lernte, mit ihr umzugehen, der liebte sie und erntete die viel größere Liebe von ihr. Sie hatte ein riesengroßes Herz, war hilfsbereit und fürsorglich, doch nur, wenn sie es zulassen wollte.

Sie hatte einfach eine Begabung, sie trug ein Kilo Zucker viel leichter als ich, obwohl ein Kilo ein Kilo ist. Heute hätte ich gerne ein großes Stück von ihrer Art, mit dem Leben umzugehen, obwohl ich mein Schicksal anpacke, jeden Tag große Fortschritte mache und ganz sicher viel daraus lernen durfte und musste. Trotzdem gibt es Tage, an denen ich gerne das Kilo Zucker wie Sina tragen könnte. Dies alles ist sicher auch eine Gabe der Kindheit und viele Mamis würden über ihre Kids das Gleiche oder Ähnliches schreiben. Leider nimmt diese Eigenschaft ab, je älter man wird.

Als Sina in den Kindergarden ging, besuchte sie einen Logopädie-Unterricht. Sie konnte uns nicht richtig verstehen, bis wir mit den Mandeln auch ihre Ohren operiert haben. Sie hatte stetig eine dicke, zähe Flüssigkeit hinter dem Trommelfell, sie konnte unsere Worte nicht richtig verstehen und lernte sie nicht richtig auszusprechen. Sie setzte immer ein »en« oder »ung« hinter ihre Wörter. Doch als sie dann richtig hören konnte und mit Hilfe der Logopädie hat sich dies schnell zum Guten gewandt.

Mit 9 Jahren besuchte Sina eine Verhaltens-Therapie. Nicht, weil sie nicht wusste, wie sie sich zu benehmen hätte, denn dies beinhaltete natürlich meine Erziehung.

Sie konnte zum Teil nicht verstehen, was ich mit meiner Erziehung meinte. Was jedes Kind lernen muss, ist die Begrüßung. Für Sina kein Problem, doch wieso? Sie konnte diese auch gut und gerne weglassen, denn es tat ja auch nicht weh.

Wenn sie jemanden gern hatte, konnte sie auch aufdringlich sein, bekam nie genug und wollte ständig bei dieser Person sein. Das sah dann so aus: wenn sie zum Spielen mit einer Freundin nach draußen durfte, wollte sie auch bei ihrer Freundin noch Abendessen und danach natürlich auch noch schlafen. Ab und zu würde ich verstehen, doch meine Sina konnte dies immer. Sie war eine eigenständige kleine Person, brauchte mich, wusste aber auch, dass ich da bin. Sie konnte es nicht verstehen, wenn ich bei ihr einen Gang zurückschalten wollte, ihr begreiflich machen wollte, dass ihre Freundin und ihre Familie zwischendurch eine Verschnaufpause brauchen. Sie sah mich an, als käme ich vom Mars oder einem sonstigen Planeten.

Ein lustiges Beispiel: Olivia war sehr lange Zeit Sinas beste Freundin. Sina und Olivia waren die ganze Woche schon zusammen, durften sogar von Freitag auf Samstag beieinander schlafen. So gegen Samstagabend wurde es dann Zeit, sich auch wieder einmal für ein paar Stunden zu verabschieden und sich der eigenen Familie zu widmen. Sonntagmorgen in der Früh, Sina schon wieder auf Achse, wollte zu Olivia. Ich habe ihr dann immer gesagt:»Wenn Olivia auf der Straße spielt, kannst du natürlich mit ihr zusammen sein, doch es wird nicht geklingelt.« Nichts leichter als das, nicht klingeln hat sie verstanden, dann stand sie vor Olivias Haus und hat gerufen, bis sie nach draußen kam. Natürlich habe ich ihr immer und immer wieder erklärt, dass Mami und Papi auch einmal unter sich sein möchten, einmal ihre Kinder mit einem Familientag genießen wollen.

Diese hatte ich mit meinen Kindern selbstverständlich auch und Sina vorne dabei, doch ich konnte meine geplanten Tage nicht immer den anderen Familien anpassen, also gab es auch Weekends, an denen ich mit den Kids einfach mal nichts vorhatte. Ich nahm meine ganze Trickkiste hervor, um ihr dies nur ansatzweise zu erklären, doch solches verstand sie nicht.

Waren wir irgendwo eingeladen, saß Sina gleich jedem auf den Schoss, der oder die sich mit ihr beschäftigte, ob sie die Person vorher kannte oder nicht. Als kleines Mädchen geht dies ja noch, bis zu einem gewissen Alter. Doch dann gehört sich das nicht mehr, besonders bei Männern. Sie machte auch keinen Halt vor dem Schoss der Lehrerin. Für sie bedeutete dies nicht, dass sie der Liebling der Lehrerin sein wollte, nein, für sie war da nichts dabei. Wieso denn nicht?

Sie zeigte auch einen starken Willen und konnte sich teilweise schlecht den anderen Kindern anpassen. Sie beharrte auf ihrem Willen und war zu dieser Zeit nicht besonders gut integriert. Sina hat dies nicht groß gestört. Sie wurde in einer Gruppenarbeit selten gewählt. Es gab bei ihr Situationen, über die sie sich keine Gedanken machte. Sie litt nicht darunter, nur wir, die Sinas Welt nicht verstanden, ihre Art von Kinderwelt.

Sina ging ins Hip Hop, war ich zu spät und sie musste 5 Minuten warten, stand sie schon draußen und hatte von der Person, die gerade vorbei kam, ein Schoggistengeli in der Hand. Sie erzählte so nebenbei, dass sie jeden Mittwoch ins Hip Hop gehe und hier an der Straße auf Mami wartet. Ich habe ihr immer wieder versucht, Dinge und Verhalten zu erklären, dies hat sie auch angenommen, doch sie verstand in ihrer Welt die Hintergründe nicht.

Von da an habe ich beschlossen, Sina in eine Verhaltens-Therapie zu schicken, denn ich hatte Angst um mein Mädchen.

Seht, ich war so aufmerksam und habe sie trotzdem verloren.

Im Übrigen, sie liebte diese Therapie, denn sie hatte die ganze Aufmerksamkeit von einer Person und Spiele durfte man auch noch machen. Nach jeder Therapie holte ich sie mit dem Auto ab, bis nach Hause durfte ich mit Euphorie und Dankbarkeit hören, was sie gemacht hatten.

In ihrer Welt hatte sie kein Defizit, nein, es war Spiel, Vergnügen und Spaß.

Interessant war es mit Sina an der Herbstmesse, viele Besucher, ein Gerangel und Geschubse. Solange Sina alles passte, kein Problem. Nur wollte sie einen anderen Weg gehen als ich, ging sie ihren Weg ohne Angst und Bedenken. Ich konnte ihr sagen:»Du bist alleine, wenn du nicht mit mir diesen Weg gehst, Mami ist dann weg.« In ihren Augen war

dies Blödsinn. Manchmal konnte ich ihre Gedanken hören:
»Mami, hast du dich schon einmal umgesehen, es hat ja so
viele Leute hier, ich bin doch nicht alleine.« Das war so mit
4 Jahren, doch es änderte sich später auch nicht. Die Ver-
nunft und der Verstand waren seither schon ausgeprägter,
doch mit 10 Jahren war ich in ihren Augen noch zu fürsorglich, wenn ich am Markt in Cambrils (Spanien) einen Treff-
punkt abmachen wollte, falls wir jemanden verlieren.
Sina ging mit 11 Jahren alleine in die nächstgrößere
Stadt shoppen, dies mag für einige nichts außergewöhnli-
ches sein. Doch wir wohnen in einem 600 Einwohner Dorf
ohne Laden, Post oder sonstiges, wir sind völlige Landeier
und genau so sind meine Kinder auch aufgewachsen. Wir
fuhren regelmäßig in die Ferien, Badeurlaub in Spanien und
Kroation, Skiferien im Wallis an diversen Orten oder an der
Verzasca im Tessin, in der unsere Kinder badeten, als wäre
es im warmen Meer an einem sonnigen Sandstrand.
   Zu Hause ließ ich sie auf der Straße spielen und auf dem
Feld herumtollen. Am Sonntag sind wir zu Fuß aus dem
Haus in den Wald zum Bräteln gelaufen. Wir brauchten
keine Ausflugsziele mit Unterhaltung, dies gab es nur hie
und da. Es gab wochenlange Abschnitte, in denen Sina nur
unser Dorf
   sah und sie genoss dies und wollte nichts anderes, dies
war ihre Welt.
   Ich habe nach Sinas Tod ein Medium aufgesucht, Sina
hat sich bedankt, dass sie bei mir Kind sein durfte. Jetzt versteht ihr, dass es Mut braucht, plötzlich alleine in die Stadt
zu fahren, sich mit so vielen Dingen, die wir in unserem
Dorf nicht haben, zurechtzukommen.
   Den Mut brauchte ich, sie gehen zu lassen, für Sina war
dies kein Problem, ihre Parole war: ich schaue mal, wie das
funktioniert, wenn ich dann da bin.

Von uns zu Hause bis zum Zuhause von Janine musste sie zuerst in den Bus, dann in den Zug und umsteigen in ein »Bändli«, dies fährt übers Land. Ich habe den Weg nie mit ihr bereist. Eines Tages beschloss sie, Janine zu besuchen, das tat sie einfach mal eben so. Zur Beruhigung von mir hatte sie schon ein Handy dabei.

Wie oft habe ich gesagt, wenn ich mich mit Sina in einer Woche in Bangkok verabreden würde, sie wäre ganz sicher dort, hätte den Weg gefunden. Sie war so selbstständig, sie hatte auch Ängste, doch wie schon oben erwähnt, sie konnte Negatives ausblenden, ließ es nicht nahe an sich heran kommen.

So entschlossen Sina handeln konnte, durchzog, was sie sich in den Kopf setzte, sie zeigte keine Angst oder Bedenken. Es kam einem vor, als würde ihr alles leicht fallen.

Trotzdem, im Kindergarten und in der Primarschule bemerkten ihre Lehrerinnen, dass sie einen Mangel an Selbstvertrauen hatte. Erklärte die Lehrerin eine Arbeit, brauchte Sina meist eine zweite Erklärung, erst dann konnte sie sich an diese Arbeit machen. Sobald sie angefangen hatte, brauchte sie eine Bestätigung oder musste einfach noch mal eine oder zwei Fragen stellen.

Sinas Lehrerin hatte da so einen Trick. Sie wusste, wie Sina tickt. Sie verstand Sinas Wesen sehr gut. Sina bekam am Anfang der Woche 10 Steine, diese waren die Symbole für Sinas Fragen, die sie offen hatte für diese Woche. Ich bekam dies per Zufall bei einem Schulbesuch mit. Sina hat es mir nie erzählt, denn für sie war es cool, da wusste sie doch von vornherein, was Sache ist. Sie nahm es als Herausforderung an und irgendwo war es auch wieder ein Spiel für sie. Sie fand es auch nicht außergewöhnlich, daher sah sie keinen Grund, mir dies zu erzählen.

Zu Hause spürten wir nichts von Sinas mangelndem

Selbstvertrauen. Sie zog immer ihr Ding durch, trug die Konsequenzen. So kam es auch oft vor, dass sie eine Weile in ihrem Zimmer verbrachte, bis sich die Situation von ihrem Verhalten beruhigt hatte.

Ich möchte euch eine dieser Situationen schildern. Sie kam nach der Schule oder nach dem Besuch einer Freundin nach Hause. »Hallo«, rief sie und verfolgte ihre vorgenommenen Pläne.

Dani mag es nicht, wenn man nach Hause kommt und nur ein Hallo in die Runde wirft, sondern er möchte, dass man denjenigen oder jedem, der da ist, den Namen sagt. Sina war dies überhaupt nicht wichtig, sie sah Sinn und Zweck nicht dahinter. Ein Kind findet dies durchaus nicht wichtig, doch wird es immer und immer wieder gesagt, lernt man Dinge zu tun, die einem nicht immer passen.

Das Leben schreibt mir so oft vor, wie ich mich zu verhalten habe und ich tue es, obwohl es nicht immer in meinem Interesse ist, der Leichtigkeit zu Gute.

Wie oft kam ich nach Hause, Dani schmollend in der Küche, Sina in ihrem Zimmer, denn das Klima nahm sie wahr und zog es vor, einen Moment in ihrem Zimmer zu weilen. Sie sagte nicht extra den Namen nicht, es ergab für sie einfach keinen Sinn. Obwohl es sie nichts kostete, den Namen zu sagen, sie tat es einfach nicht. Solche Situationen in anderen Dingen gab es immer wieder, ich verstand sie, ich wusste, sie meinte es nie böse. Sie tickte einfach anders als wir.

Eine große Angst hatte Sina: Der Maya Kalender sagte voraus, dass im 2012 am 21. Dezember die Welt untergehen würde. Sie hatte so eine Angst vor diesem Tag, dass es wirklich geschehen könnte. Für unsere Jungs war diese Angst natürlich gleich das große Fressen. Sie zogen ihre kleine Schwester damit auf und machten ihr noch mehr Angst.

Keine zwei Monate später war Sina tot.

Sina hatte perfekte Freundinnen, die zu ihr passten, leider wurde sie immer wieder konfrontiert mit dem Wegzug ihrer Lieben in ein anderes Dorf. Es brauchte dann immer eine Zeit, bis sie sich wieder neu orientiert hatte. Es gab dann schon auch Zeiten, in denen die anderen Mädchen nichts mit ihr abmachen wollten und sie das beschäftigte. Denn Sina war in ihrer Freizeit sehr unternehmungslustig, es musste immer etwas laufen. Sie liebte es, beliebt zu sein und genoss es, wenn sie umschwärmt wurde, die Nachfrage nach ihr stimmte. Hatte sie niemanden zum Spielen, war es ihr langweilig, einfach uncool und doof. Sie verstand auch nicht wieso, denn sie fand sich ja überhaupt nicht anstrengend.

Als Sina dann doch auch ein Handy besaß und mit mir Ärger hatte, weil dieses sich ständig meldete, waren ihre Worte beim vorübergehen:»Ich bin halt beliebt.« Dies sagte sie dann in einem so erfüllten Ton, ich konnte nur noch schmunzeln.

Das muss ich euch noch erzählen. Mit Sinas Wandlung zu einer jungen Frau legte sie auch immer mehr Wert auf ihr Aussehen. Kurz vor ihrem Tod hat sie in ihrem Zimmer auf dem Bett ein Selfie aufgenommen, sie postete es in Facebook. Viele Kids haben auf »gefällt mir« geantwortet. Ein Mädchen hat ihr zurückgeschrieben:»Sina, wie schön möchtest du denn noch werden?« Sie war so glücklich, so erfüllt, sie war die Schönste. Ich weiß doch, dies sagt jede Mami von ihrer Tochter. Doch dieses kleine ruhige Baby, dieses aufmüpfige, sture, nichts an sich heran lassende Kind hat sich zu einer warmen, ruhigen, sinnlichen, wunderschönen jungen Frau entwickelt. Jeder, der uns kennt, weiß, welches Foto ich meine. Es wird das Titelbild von diesem Buch werden.

Als Sina in die Schule kam, wurde mir empfohlen, sie auf Legasthenie abzuklären. Dabei kam heraus, dass sie in Bildern denkt, also visuell-räumlich, nicht in Worten oder Zahlen. Das erklärte auch ihre Schwäche im Schreiben oder Lesen. Diese Abklärung ergab, dass Sina einen interessant hohen IQ hatte, der aber schlecht zum Vorschein kam. Die Schwächen im auditiven Denken machten ihr beim Lernen so oft einen Strich durch die Rechnung und es gelang ihr nicht immer so, wie sie es eigentlich wollte. Das visuelle Denken machte sie sicher auch noch so eigen, denn viele denken mit der rechten Hirnhälfte und nicht links, wie sie. Doch sie war ein Beweis, dass es einen Weg gibt für solche Denker, denn als sie starb, besuchte sie die erste Klasse der Sekundarschule. In dieser konnte sie sich richtig gut durchschlagen und gute Noten nach Hause bringen. Ich hatte das Gefühl und von ihr gehört, dass sie versuchte, ein höheres Schulniveau anzustreben. Sie machte ihre Aufgaben und Arbeiten für die Schule selbstständig, merkte aber, wie es ihr immer wichtiger wurde und sie sich auch über gute Noten mehr und mehr freute.

Bei meinem Besuch beim Medium dankte mir Sina, dass die Leistung, die sie gebracht habe, mir immer genügend war und ich nicht große Forderungen an sie stellte.

Sina und ich hatten so unseren eigenen Geschmack in Sachen Mode, Farbe, Stil, Trend und wie ihr sicher schon erraten konntet, der liegt meilenweit auseinander. Blau war ihre Lieblingsfarbe. Sie mochte aber auch Farben oder Farbkombinationen, die ich nie anziehen würde. Dies konnte ich natürlich nur bedingt zulassen, denn Sina wollte doch so zur Schule oder auf die Straße, und das konnte ich mit dem Mami-Stolz nicht zulassen. Eine kleine Geschichte möchte ich euch erzählen, denn sie wird mir immer in Erinnerung bleiben. Sie trug das Kleid an ihren letzten Weinachten.

Sina geht shoppen, ich glaube, mit einer Freundin aus ihrer Klasse. Zu Hause wieder angekommen, führte sie mir in Form einer Modeschau ihre Beute von ihrem Shopping-Trip vor. Dabei waren Long Shirt, ein enger schwarzer Jupe mit einem roten weiten Oberteil. Alles noch im grünen Bereich, doch das Kleid, das sie mitbrachte für das Fest an Weihnachten, da hatte sie meinen Geschmack genau verfehlt. Doch natürlich ließ ich mir nichts anmerken und ließ Sina das Kleid tragen. Die Farbe könnt ihr euch mal so vorstellen. Hautfarben, so wie die Unterwäsche meiner Großmutter mit einem Hauch, einem kleinen Hauch von rosa. In der Form eines Long Shirts ohne Ärmel und auch ohne Träger. Von oben bis unter den Po zusammen gerippt und mit Pailletten versehen, die sich schon vor Weihnachten lösten. Für mich sah es etwas altbacken aus. Sina war stolz und glücklich mit ihrem Oberteil und dies habe ich ihr auch gelassen, denn ich konnte es mit der Zeit gut akzeptieren.

Mit Sinas Augen gesehen, war es ein sehr schönes Kleid. Ich danke mir, dass ich sie tragen ließ, was sie wollte.

Als Sina 2 Jahre alt war, hat sie sich zu einem »Naturburschen« entwickelt. Am liebsten war sie den ganzen Tag draußen mit Olivia, die 5 Jahre älter ist als Sina und das Allerliebste zu dieser Zeit für sie. Bei schönem Wetter sind sie mit dem »Trampitraktor« die Straße auf und ab gefahren, mit ihren Puppen im Kinderwagen haben sie einen Ausflug aufs Feld gemacht und ganz typisch für die zwei Mädchen, dies natürlich nur mit einem Znüni im Rucksack: Reiswaffel, Apfel, Wasserflasche alles okay und bevor die Frage kam: »Hat es auch was Süßes?«, haben Olivias Mami oder ich schon etwas mit in den Rucksack eingepackt.

An Tagen, an denen es kein Wetter zum draußen spielen war, haben die zwei Hütten mit Wolldecken, Bettdecken, Kissen, Schals und allem, was vorhanden war, in ihrem Zimmer, gebaut. Sie haben sich so oft verkleidet und mit unseren Stöckelschuhen im Wohnzimmer zu ihrer Musik getanzt.

An jedem Tag, an dem die zwei zusammen waren, war ein Fest für die zwei und viel aufzuräumen für mich oder Olivias Mami.

Im 2004 ist Olivia mit ihrer Familie nach Südafrika gezogen. Dies für 3 Jahre, aus geschäftlichen Gründen von Olivias Papa.

Danach sind sie nach Deutschland gezogen. Olivia war dann schon 12 Jahre alt und der Altersunterschied doch plötzlich zu groß, denn Olivia hatte sich zu einem Fräulein entwickelt und Sina war ja noch ein Kind. Sina hat auf ihre Art unter dem Wegzug gelitten. Jedes Mal, wenn ich mit ihr stritt, ging sie nach draußen und rief in den Himmel: »Oooolivia, wo bist du, ich möchte zu dir!«

In das Haus, in dem Olivia wohnte, zog eine Frau mit ihren 3 Kindern ein. Das Jüngste ein Mädchen, Janine, ein Jahr älter als Sina und gleich die beste Freundin. Janine war die perfekte Ergänzung zu Olivia, die gleichen Interessen und Liebe zur Natur. Die zwei waren wie Pech und Schwefel, obwohl Janine im Jahr 2005 wegzog, hielt diese Freundschaft, bis Sina uns verließ. Noch heute habe ich regen Kontakt und ich liebe es, wenn ich sie sehen kann. Janine hat uns oft auf unseren Ausflügen oder in die Ferien begleitet, sie ist etwas ganz Besonderes für mich. Lieber Leser, du wirst es nicht glauben, genau in dem Haus wohne ich heute und Sina ist darin gestorben. Sinas und meine Freundinnen haben hier in dem Haus gewohnt. Die Kindheit unserer Kinder besitzt dieses Haus. Den letzten Atemzug hat meine Tochter hier vollzogen.

Mein Traum wäre es, dieses Haus einmal zu kaufen, denn es birgt sehr viele kostbare Erinnerungen von mir und meinem Leben.

Als Janine fortging, freundete sich Sina mit Kora an. Sie wohnte gleich gegenüber, ist dann später eine Straße weiter gezogen. Mit Kora ist sie tagelang auf Bäume geklettert und hat auf einem Ast sitzend ein Picknick gemacht. Kora ist etwas älter als Sina. Für sie war Kora etwas ganz Besonderes, auch für mich. Sie ist ganz anders als Olivia und Janine, die Liebe zur Natur, den Tieren teilt sie mit beiden Mädchen und Sina, doch sie ist ruhiger, sie hat Pläne und Vorstellungen, die sie nicht nur träumt. Sie versucht sie auch zu verwirklichen. Sie wollte Tierärztin werden, zu dieser Zeit besuchte sie das Niveau A und hatte sich bereits hochgeackert auf Niveau P. Mittlerweile habe ich gehört, sie möchte Ärztin werden. Dieses Mädchen hat meinen vollen Respekt verdient.

Die zwei konnten stundenlang miteinander reden, Pläne schmieden, Zukunftspläne ausmalen und ihr geliebtes Kartenspiel »Flunkern« spielen.

Rahel ist ein halbes Jahr jünger als Sina, unser Nachbarsmädchen. Zuerst hat sie oberhalb von uns gewohnt, die Gärten angrenzend zueinander und später, als wir dann in unser jetziges Haus gezogen sind, vis-à-vis. Rahel und Sina sind miteinander aufgewachsen. Sie waren gute Freundinnen, die sich sehr gern mochten, aber auch sehr gut gestritten haben. Manchmal waren sie oft beieinander und manchmal haben sie sich ignoriert. Doch eigentlich konnte die eine nicht ohne die andere sein. Ich habe so das Gefühl, sie liebten es, sich herauszufordern. Konkurrenzkämpfe blieben auch nicht aus. Ein bekanntes Sprichwort: »Was sich neckt, das liebt sich.«

Wie Rahel war Moana ein Nachbarsmädchen, mit dem sich Sina sehr gut verstand. Moanas Mami war zu dieser Zeit wie ich alleinerziehend. Wir Mamis haben uns sehr gut verstanden und ergänzt. Wenn alle anderen ihr intaktes

Familienleben genossen, genossen wir unser Zusammensein mit den Kids. Wir haben uns so oft zu einem gemeinsamen Essen im Garten verabredet, machten Sonntagsausflüge oder haben gegenseitig unsere Kinder beaufsichtigt. Wir konnten uns gut gegenseitig entlasten und unsere Kids haben sich perfekt miteinander verstanden. Leider sind auch sie wegzogen und als sie später wieder in unser Dorf zogen, war es mit Sina und Moana nicht mehr so die große Freundschaft. Sina hatte den Wechsel von der Primar- in die Sekundarschule im Nachbardorf vor sich und Moana blieb noch im Dorf.

Sina und Ronja, das war eine Freundschaft, die einfach funktionierte, wenn man sich traf. Traf man sich nicht, haben sie einander geschrieben. Intensiv, wie alle Freundschaften von Sina, war diese Freundschaft nicht, doch sie hatten eine innige, spezielle Art miteinander, die nur die zwei verstanden. Ronja ist 4 Jahre älter als Sina. Es gingen beide in das Jugendturnen bei uns in der Gemeinde. Ronja ist sehr zart und fein gebaut, ihre Leistungen in Wettkämpfen lagen hinter denen anderer Kinder in ihrem Alter. Fair gesagt, waren diese im Gegensatz zu Ronja auch zum Teil sehr kräftig. Sina war die Robuste im Vergleich zu Ronja. Sie erzielte dann schon auch mal eine Medaille bei den Wettkämpfen. Jedes Mal, wenn Sina mit einer nach Hause kam, wollte sie diese unbedingt Ronja schenken. Mancher kam ohne Medaille nach Hause, doch Ronja war die einzige, der sie ihre Medaille gegeben hätte.

Ich übernahm dann sofort wieder eine meiner, in Sinas Verständnis nicht ankommenden Erklärungen, dass dies die Enttäuschung von Ronja, wieder keine Medaille zu ergattern, nicht gut machen würde, denn sie wollte eine für ihre erbrachte Leistung und nicht zum Ansehen.

Wenn Sina hörte, dass wir auf Besuch gehen, musste sie

noch schnell ein Geschenk basteln, dies waren dann Bänder, Schnipsel und Sonstiges, die sie auf ein Stück Papier klebte und ta ta ta tahhh, ein Geschenk ist entstanden. Bis wir dann angekommen sind, war es auch noch zerknittert. Dies war dann noch die fehlende Note für das perfekte Geschenk Eigenfabrikat von meiner Sina.

Ich bekam von Sina einen Kerzenständer, dies wusste ich erst, nachdem ich ihn bewundert hatte und mich später getraut habe, zu fragen, was es ist. Sie bastelte und malte gerne. Sie besuchte den Handarbeitsunterricht mit Liebe. Es gelang ihr gut und sie war auch eine der Schnellsten. Sie fand all ihre Arbeiten wunderschön und sah ein Kunstwerk darin. Sie besaß die Gabe, auch wenn etwas nicht perfekt ist, für sie war es perfekt. Sie sah nicht, wenn etwas nicht in der Mitte vom Objekt angebracht war. Sie wertete die Arbeit, die sie daran hatte, den Eifer und die Freude, mit der sie es vollendete.

Wie oft überfordern wir uns selber? Alles muss perfekt sein und so sein, dass es alle schön finden. Ich habe von meiner Tochter viel gelernt. Ich kann auch heute etwas schön finden, auch wenn ich sehe, die Stickerei liegt nicht in der Mitte vom Kissen. Ich finde das Arbeitsbuch von meinem Sohn schön geschrieben, auch die durchgestrichenen Wörter stören mich nicht, denn er hat seine Arbeit erledigt und sich Zeit genommen dafür. Sina wollte perfekt sein, doch der pingelige Blick fehlte ihr, damit war sie in ihren Augen perfekt. Wir Erwachsenen haben unsere Vorstellungen, unsere Kinder die ihren. Es sind zwei unterschiedliche Vorstellungen, die so oft der Konfliktgrund zwischen Kind und Eltern sind. Wir können nicht mehr sehen wie ein Kind, ein Kind hat noch nicht die Erfahrungen wie wir. Sina gab mir keine Chance, sie auf einer Erwachsenenstufe zu begleiten, ich musste mich meinem Kind anpassen, es auf dieser Stufe zu leiten und voranzutreiben.

Als sie mich nach einer OP im Spital mit meinen Eltern besuchte und sah, wie schlecht es mir ging, eilte sie sofort zu ihrer Handarbeitslehrerin. Sie berichtete ihr, dass es mir nicht gut gehe und sie etwas für mich machen musste, ein Geschenk. Die zwei studierten nicht lange und ich bekam ein Kirschensteinsäckli. Sie war traurig und verarbeitete dies mit einer guten Tat. Die Freude, die ich daran zeigte, genügte ihr und hat sie getröstet. So konnte sie mit ihren Sorgen umgehen, fand eine Lösung.

Timm wurde am Muttertag, dem letzten, den sie noch erlebt hat, konfirmiert. Mike und Sina wurden eingeladen, ich auch, doch ich habe verzichtet, dann sonst wäre Timms Mami nicht gekommen und dies konnte ich nicht zu lassen. Eine Mami gehört an die Seite ihres Sohnes, wenn er so ein großes Ereignis vor sich hat. Logisch hat es mich gequält, meine Lieben nicht bei mir zu haben. Sina hat dies gespürt, ich denke mit Hilfe von Dani. Sie setzte sich an ihren Laptop, den sie sich selber gekauft hat. Genau am Muttertag, dem darauf folgenden, Sina war schon von mir gegangen, fand ich diesen Brief, als ich wieder einmal mehr in ihren Sachen nach Erinnerungen Ausschau hielt:

Muttertag

Du bist der einzige **Mensch** auf der Welt,

der uns schon liebt, bevor er uns kennt!

Ein Gedicht nur für dich

Dir, liebste Mutter, wollen wir danken, mit
Herzensliebe dich umranken, unser Leben ist aus dir
geflossen, du hast mit Liebe es gegossen.

Das wollen wir dir auf den Weg geben

Dass es dir wohl geht und dass du ein ruhiges Leben
führst.

Wir hoffen, dass unsere Muttertags Grüsse bei Dir
im Herzen ankommen. Auch wenn wir an diesem
Tag nicht da sein können, unser Dank für die
vielen Jahren ist Dir gewiss.

ALLES GUTTE ZUM MUTTERTAG <3

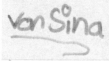 von Sina

 geschenk Edist...

Sie hatte so viele Gefühle, die man aber nur spürte, wenn sie es wollte, nur wenn sie wusste, jetzt ist die richtige Zeit dazu. Eines Tages kam sie mit einer Postkarte in der Hand zu mir, übergab sie mir. Darauf stand:»Mami und Dani, Ihr sind die Besten, immer für mich da. Manchmal gibt es auch laute Worte zwischen uns, trotzdem, ich lieb euch. Sina.« Die Adresse lautete Fischaub, Fiechter und Schaub. Typisch Sina. Auf der Postkarte stand gedruckt ein Spruch:»Die meisten Kinder haben den Verstand von ihrem Vater, weil die Mutter ihren noch besitzt.«

So oft gingen ihre Ansichten mit unseren auseinander, doch konnte sie sofort zu verstehen geben, wenn sie sich uns wieder einmal anschließen mochte. Diese Zeit genoss ich, bis sie wieder ihren eigenen Kopf, Pläne, Ziele einsetzte und wir mehr oder weniger nur eine Chance hatten, wenn wir versuchten, sie zu verstehen.

Sina wie auch ihr Bruder Mike sind in einer so genialen Zeit aufgewachsen. Genau in der Straße oberhalb unserer hatte es zu dieser Zeit so viele Kinder, etwas jüngere, ältere und auch gleichaltrige. Ich habe ihr immer den Namen City gegeben. Wie schon erwähnt, sind wir in diese Straße gezogen, als Sina 5 Jahre alt war. An schönen Tagen waren es bis ca. 15 Kinder, die alle friedlich, manchmal auch streitend miteinander spielten. Es klappte so gut, denn die Großen haben immer automatisch auf die Kleinen aufgepasst. Seifenkisten-Züge haben sie gebaut, Velo-Kunststücke geprobt, Scheiterfangen gespielt, mit den Würmern im Regenfass Suppe gekocht, Pokémon Karten sammeln und tauschen war der Superknaller zu dieser Zeit. Später kam dann der Gameboy ins Spiel, nein, sie haben nicht alleine in ihrem Zimmer gespielt, alle gemeinsam sind sie auf der Straße gesessen und haben gefightet. Wenn es regnete, kam es schon vor, dass eben mal so zwischen 3 bis 6 Kinder in irgendeinem Heim von einem Kind verschwunden sind. Wir Mamis waren zu dieser Zeit auf so einiges gefasst. Sina, Rahel und Moana, obwohl sie meistens eine von den Jüngeren waren, immer vorne dabei.

Als Sina 1 und Mike 4 Jahre alt war, habe ich mich von ihrem Papi getrennt. Ich habe mit meinen 2 Kindern alleine gelebt, bis ich mit meinem jetzigen Lebenspartner zusammenzog. In dieser Zeit habe ich meine Kinder viel zur Aufsicht meinen Freundinnen gegeben, danke, Gabi und Doris, danke auch meiner Mami, dem Grosi von Sina und Mike, wie oft ist sie eingesprungen. Mein Vater stand immer hinter uns allen und hat uns mit Reparaturarbeiten aus so manchem Desaster geholfen.

Ich hatte mit meinen Kids schwere Zeiten nach der Trennung, manchmal wusste ich nicht, ob ich Sinas Windeln oder das Schoppen Pulver kaufen soll, denn unsere Finanzen reichten nur für das eine. Meine Kids und ich waren so ein gutes Team, keiner beklagte sich, keiner hatte das Gefühl, zu kurz zu kommen und keiner war traurig, im Gegenteil, es ging uns gut, wir hatten uns.

Ich hatte meine Eltern, die mir immer, wenn es ging, mit den Kids halfen, doch meine Finanzen kannten sie nicht, ich wollte auch nicht, dass sie es wissen. Einmal half mir meine Mami bei einer Zahlung der Steuern, diese musste ich auch nie zurückzahlen. Mein jetziger Lebenspartner und ich waren viele Jahre ein heimliches Paar. Stolz bin ich nicht auf diesen Abschnitt meines Lebens, doch wo die Liebe hinfällt …

Mit kleinen Finanzspritzen half auch er mir, über die Runden zu kommen. Trotzdem hatte ich bis zu 4 Jobs, um zu überleben. Ich brauchte plötzlich viel zu oft eine Aufpasse für meine Kids, also habe ich mich organisiert und nach einem Au pair Mädchen Ausschau gehalten. Am Schluss

34

hatte ich 4 tolle junge Frauen nacheinander engagiert. Danke euch Lieben, ich glaube, ihr wisst noch gar nicht, dass unsere Süße uns verlassen hat. Ich war zu stolz, um größere finanzielle Hilfen anzunehmen. Ich habe mich in das Boot gesetzt und ich steige auch selber wieder aus diesem Boot. Ich ließ auch nicht wissen, wie wir kämpfen mussten. Sina und Mike hat es an nichts gefehlt, meine große Fürsorge und Liebe haben ihnen völlig gereicht und Sina und Mike hatten großen Spaß an unseren Au pair Mädchen. Sie haben so viele Entscheidungen von mir akzeptiert ohne Worte, und dafür danke ich meinen Kindern bis heute. Alle Probleme oder Engpässe habe ich so gut ich konnte von meinen Kindern fern gehalten und alles selber getragen. Sie waren auch noch so klein.

Wenn ihr den Abschnitt über diesem lest, versteht ihr, dass ich eine Zeitlang mit meinen Kindern um unsere Existenz kämpfen musste und meine Kids perfekt mitgemacht haben. Als Sina starb, hatten wir unser finanzielles Dilemma behoben, wohnten in einem für uns perfekten Haus, ich hatte einen guten, geregelten Arbeitsalltag, lebte seit Sinas 7. Lebensjahr als Familie mit meinem jetzigen Lebenspartner zusammen und wir fuhren regelmäßig in die Ski- und Sommerferien.

Wir haben uns aus dem Schlamassel gezogen. Darum ist es so schwer, den Tod von Sina zu akzeptieren. Es kann nicht sein, dass Sina stetig ihre Konsequenzen getragen hat mit ihrer eigenen Art, dass ich uns auf einen verdienten Lebensstandard hin brachte und Sina mit ihrem Bruder eine perfekte Harmonie bildete, dies war nicht immer so.

Sina, Mike und ich konnten kämpfen, es kann nicht sein, dass in einer Nacht so ein Käfer kommt und mir meine Sina nimmt.

Sina hat schon früh zu pubertieren angefangen. Mit 11

Jahren bekam sie ihre Tage, ihr Körper nahm weibliche Formen an. Mit 12 Jahren hatte sie schon die Größe 1,57 cm und wog 52 kg, dies sind nur 6 cm kleiner und 4 kg leichter als ich. Von ihrem Körperbau her schon eine kleine Erwachsene. Im Kopf pubertierend und ihr Interesse tussihaft, Sina hat sich in dem letzten Jahr, das ihr noch blieb, in dieser Phase verändert. Mitschuldig ist sicher auch der Schulortswechsel. Ihr Horizont wurde auch vergrößert, denn plötzlich sieht man nicht mehr nur das Dorf, in dem man aufgewachsen ist, man muss sich plötzlich im Nachbardorf, das viel grösser ist als unseres, zurechtfinden. Sina hat sich gut mit der Umstellung geschlagen. Sie legte plötzlich viel mehr Wert auf ihre Kleidung, schminkte ihr Gesicht.

Ihr Wesen änderte sich, sie war nachdenklich, ruhig, manchmal traurig und hatte plötzlich ein riesengroßes Helfersyndrom. Natürlich nicht, wie ihr jetzt denkt, bei der Hausarbeit. Nein, wenn eine ihrer Kolleginnen Probleme hatte, konnte sie zuhören, wollte helfen und sie konnte plötzlich mitfühlen. Sie hatte einen Freund, im Ganzen waren sie, glaube ich, etwa 2 Jahre zusammen. Wenn sie nichts von ihm hörte, störte sie dies, machte sie traurig und sie hatte auch Sehnsucht nach ihm. Sie konnte verstehen, was man meint, sie konnte ihre Mitmenschen fühlen. Sina hat sich in ihrem kurzen Leben so geändert und so viel gelernt. Wenn es heißt, nach getaner Arbeit auf der Erde verlässt du sie wieder, hat Sina in kurzer Zeit viel erbracht und so einiges gelernt. Sina hat wie alle von uns einen Rucksack gepackt, bevor sie das Licht auf der Erde erblickte. Sie hat ihn durchgeackert, bis er leer war und dies in einer kurzen Zeit von 12 Jahren.

Ich finde, meine kleine Süße war sehr fleißig.

Sina, ihr Bruder Mike, Timm und Jana

Als Baby war Sina unkompliziert, ruhig und einfach köstlich. Wenn ich Babybesuch bekam, wurde ich so oft gegen 17 Uhr gefragt, ob sie jetzt dieses Kindlein auch noch sehen dürfen, denn sie lag immer noch in ihrem Bettchen und hielt ein ausgiebiges Mittagschläfchen. Von 24 Stunden schlief Sina sicher 19. Ihr Rhythmus begann um 6 in der Früh, nach dem Stillen schlief sie weiter bis 10 oder 11 Uhr, Stillen und noch etwas wach bleiben, doch um 12 war es dann wieder Zeit für ein Schläfchen. So gegen 17/18 Uhr hatte sie dann wieder Hunger, Stillen und um 19/20 Uhr war es dann Zeit fürs Bettchen, um auszuruhen von dem anstrengenden Tag. Dies lief sicher 8 bis 9 Wochen so.

Ich genoss diese Erfahrung, denn Mike war das pure Gegenteil, 19 Stunden hielt er mich auf Trab und 5 Stunden gönnte er mir Schlaf.

Auch die Zeit bis zum 5. Monat, bis Sina sitzen konnte, vergnügte sie sich mit den Spielsachen, die wir über ihr aufgehängt haben und sie darunter auf einer Decke liegend anschauen konnte oder auch per Zufall anschubste mit ihren Beinchen oder Händchen, die zappelten.

Mike liebte zu dieser Zeit seine Schwester mehr denn je, denn sie wurde ihm nicht gefährlich, konnte ihm beim Spielen nicht dazwischenfunken.

Mit 5 Monaten vergnügte sie sich mit einer vollen Schachtel mit Kinderspielzeugen auf der einen Seite und einer leeren auf der anderen. In der Mitte hockend konnte sie sich stundenlang verweilen, sie vergaß sogar ihr Z'vieri, sie füllte pausenlos die leere Schachtel mit den Sachen aus der vollen. Es spielte ihr keine Rolle, ob Mike und ich bei ihr saßen oder ums Haus verschwanden.

Als Sina sich dann fortbewegen und später auch gehen konnte, war ihr Bruder kein Fan mehr von ihr. Plötzlich war sie mit dabei, konnte ihm beim Spielen reinfunken. Mike hat sie oft gequält, auf den Kopf gehauen oder umgeschubst.

Sina war 3 Jahre jünger als Mike, sie konnte sich nicht gegen ihn wehren, doch sie reagierte mit lautem Gebrüll. Natürlich fand sie schnell heraus, dass Mami kommt und mit Mike schimpft, dies machte die ganze Sache noch interessanter. Also wurde auch mal übertrieben.

Wenn sie gemeinsam spielten, ging dies immer chaotisch zu und her. Nach einer Weile ruhigem Spielen flogen meist die Spielsachen durchs Zimmer und Sina war so oft die Wurfscheibe von Mike.

Sina war überhaupt nicht mehr das ruhige, zufrieden verweilende Kind. Vieles schaute sie sich bei ihrem Bruder ab. Mike ist ein ADHS Kind, er konnte nicht still sitzen, alles wurde in einer Bewegung erledigt. Er konnte nicht am Tisch sitzen, nein, er stand am liebsten auf ihm. Er hatte Anfälle, Wutausbrüche, die waren nicht mehr lustig. Auf ihn möchte ich nicht mehr eingehen, eine schützende Maßnahme von mir. Sina hatte auch dieses ADHS, doch nicht im gleichen Maße. Die Hyperaktivität hat sie sich von ihrem Bruder abgeschaut. Sie konnte nicht verstehen und vor allem nicht begreifen.

Heute weiß ich nicht, ob dies wirklich ADHS war oder sie nur wusste, ich muss nicht wissen, was ein Erwachsener wissen muss. Sie spürte, ich werde ein Kind bleiben und diese Welt als Kind verlassen.

Wer hyperaktive Kinder hat, versteht sicher, was ich hier erzählen möchte und schmunzelt bei meiner Beschreibung. Eines an dieser Stelle, diese zwei wunderbaren Kinder haben mich so einiges gelehrt, ständig auf Trab gehalten und mich so oft an meine Grenzen gebracht. Ich musste so oft stark sein, denn oft wurde meine Erziehung in Frage gestellt. Könnte ich noch mal zurück, ich wünschte mir genau die zwei wieder. Ich liebe meine Kinder über alles, sie sind mein Leben.

Die zwei stritten immer, bis Sina etwa 8 Jahre alt war. Trotzdem liebten sie sich, suchten einander, wenn der eine gerade nicht da war. Sina war so stolz auf ihren Bruder, jedes Mal, wenn er sie gehauen oder geschubst hat, putzte sie ihre Tränen ab und schaute wieder zu ihrem großen Bruder hinauf. So oft tat sie mir leid, doch das war wieder ich, denn sie hatte kein Problem damit. Sie sagte so oft:»Das ist Mike, er ist so und so möchte ich ihn auch haben.«

Mike konnte nicht gut alleine sein, auch nachts schlich er sich immer in mein Bett. Später holte er Sina, er schlich sich zu ihr, wenn sie schlief, weckte sie. Gemeinsam machten sie sich auf den Weg zu Mikes Zimmer. Doch zuvor machten sie einen Halt beim Kühlschrank, wo sie ein Schoggiyoghurt als Mitternachtsschmaus verzehrten und verschwanden dann gemeinsam in Mikes Bett.

Oft fragten sie mich schon beim Schlafengehen, ob sie beieinander schlafen dürfen, am Anfang habe ich es erlaubt, mit der Zeit fand ich, dass Mike lernen muss, alleine zu schlafen.

Wisst ihr, wenn Mike und ich heute darüber reden, sagt er immer:»Mami, weißt du, wie froh ich bin, dass ich sie trotzdem aus ihrem Bett geholt habe und sie bei mir schlief? Auch wenn du nicht einverstanden warst, denn diese Zeit mit ihr kann mir niemand mehr nehmen.«

Wie recht mein Sohn hat, denn heute kann er dies nicht mehr und keiner und niemand kann verpasste Zeit mit Sina nachholen.

Wir Eltern meinen so oft, wir wissen alles besser, doch ist es wirklich so? Heute lasse ich Mike viele Freiheiten, ich erkläre ihm nur, wenn ich es für nötig finde, dass ich etwas mit meiner Lebenserfahrung sein lassen oder anders machen würde. Er wählt eigentlich immer den richtigen Weg. Er ist mit dem Tod seiner Schwester sehr erwachsen und vernünftig geworden.

Es war ein paar Monate, nachdem Sina uns verlassen hatte. Es war Abend, Mike ging bereits zu Bett. Ich war so traurig, wusste wieder einmal gar nicht weiter. Ich habe sie so vermisst, es tat einfach nur noch weh. Ich begleitete Mike in sein Zimmer, habe ihn gefragt, ob er sie auch so vermissen würde. Logisch vermisste er natürlich seine Schwester. Ich wollte doch einfach mit ihm über Sina reden, ein besserer Einstieg kam mir nicht in den Sinn.

Mike sagte zu mir, dass wir, wenn wir meinen, er denke nicht an Sina, falsch liegen. Er würde jeden Abend, wenn er in seinem Bett liegt, an sie denken. Er hole sich dann immer eine schöne Situation mit ihr hervor. Er erinnert sich an schöne oder lustige Momente mit ihr zusammen.

Sind unsere Kinder nicht einfach genial? Wieso verlieren wir als Erwachsene die Eigenschaften des Kindes?

Zuvor in einer Therapiestunde bei meiner Psychiaterin. Ich habe geweint, sah Bilder von Sina. In allen Bildern sah ich nur, wie sie gestorben ist. Meine Therapeutin beruhigte mich und sagte zu mir, dass die Zeiten kommen werden, in denen ich auch wieder schöne und auch lustige Bilder von ihr sehen werde.

Ich war ganz verdutzt, als ich Mikes Zimmer verließ. Er riet mir das gleiche wie meine Therapeutin. Ich dachte einen

Moment nicht mehr an Sina, dachte, wie brillant die Antwort meines Sohnes war. Dieser heilende Verstand, diese Realität so anzunehmen und gleich im Kopf positiv umzusetzen.

In der Zwischenzeit gelingt mir dies ganz gut, denn ansonsten könnte ich nicht dieses Buch schreiben.

Als Mike 12 Jahre alt war, hatte ich eine ganz schwierige Zeit mit ihm, kam nicht mehr an ihn heran, konnte auch nicht mehr richtig mit ihm reden. Sina war, wie er mir einmal sagte, sein einziger Halt in der Familie. Sie war nicht mit allem, was er tat, einverstanden, doch sie nahm ihn so, wie er war in seiner Phase.

Mike hat seine Lehrstelle im Januar 2013, kurz vor Sinas Tod, geschmissen. Am Abend fragte mich Sina:»Und hat er wirklich gekündigt?«»So ist es.«»Typisch Mike«, drehte sich von mir weg und nuschelte weiter in ihrem Zimmer herum. Sie konnte mich nicht verstehen. Sie spürte nicht mein Elend über diesen Entscheid von meinem Sohn. Mein Problem war seine Zukunft, Erwachsenensache. Sina ging dies nichts an, sie machte sich keinen Kopf wegen so etwas. Er hatte sich entschieden, dies konnte sie akzeptieren.

Jana ist die Tochter von Dani, 7 Jahre älter als Sina. Am Anfang lief es ganz gut zwischen den Mädchen. Sina war stolz, eine große Schwester zu haben und Jana hatte von da an einen kleinen Schatten. Jana mochte es, wenn Sina ihr den Rücken kraulte, sie wusste, dass Jana dafür mit ihr nachher spielte. Win-win-Situation. So oft hat Jana die Aufsicht für sie übernommen, wenn wir gemeinsam unterwegs waren. Ja, sicher haben wir auch den Auftrag gegeben, doch eigentlich war es meistens automatisch, die Große schaute nach der Kleinen. Jana wurde dies zu viel. Wenn wir in die Ferien fuhren, fragten wir natürlich Jana, ob sie uns begleitet, denn sie wohnte bei ihrer Mami. Sina etwa 8 und Jana 15

Jahre. Jana hatte Angst, sie müsse sich dann nur um Sina kümmern, wenn sie mitkommen würde. Dies hat mich gekränkt, denn natürlich luden wir Jana nicht aus diesem Grund ein, uns in die Ferien zu begleiten. Nur sah ich das Problem: wird Jana mitkommen, wird Sina sie in Beschlag nehmen. Ich habe so oft versucht, es Sina klar zu machen, dass sie Jana etwas Luft geben muss, dass sie nicht nur für sie da ist und schon älter ist, sich gerne auch mit den Erwachsenen unterhalten würde und keine Lust mehr hat, Kinderspiele zu machen.

Ich habe euch Sina beschrieben und ihr versteht sicher, dass sie mich nicht verstand. An solchen Aufgaben bin ich so oft bei ihr gescheitert.

Sicher war dies nicht der einzige Grund, dass Jana nicht mit uns kam. Jana hatte später ein Problem mit mir und hat mich lange Zeit ganz gemieden, dies waren familiäre Gründe, denn ich nahm ihrer Mami den Mann weg und ihr den Papi. Obwohl immer zwei dazu gehören, bin sehr oft nur ich schuldig gewesen.

Als Jana wieder öfter zu uns kam, war alles anders. Sina hatte Freude, wenn sie auf Besuch kam, sie haben sich unterhalten, doch sie klebte nicht mehr an Jana. Jana ist nämlich genau wie Sina, auf ihre Art und Weise eine eigene, besondere Persönlichkeit. Sie und Sina waren sich zum Teil gleich. Ich habe Jana sehr lieb.

Timm wohnte bei seiner Mami und Jana, erst als Sina verstorben war, zog er zu uns. Seine Mutter zog nach Deutschland und ließ die Kids bei uns. Jana war alt genug und zog zum Freund. Die Mutter ließ ihre Kinder zurück und ging nach Norddeutschland zu ihrer Familie.

Wie hat es mir mein Mutterherz zerrissen, meine Tochter ist seit 3 Monaten tot, ich kann sie nicht mehr sehen, streicheln, sie nervt auch keinen mehr, ja, nicht einmal mehr streiten kann ich mit ihr. Ich konnte dies zu dem Zeitpunkt wirklich nicht verstehen.

Natürlich haben wir uns und tun es immer noch, über den Einzug von Timm gefreut. Timm ist 4 Jahre älter als Sina. Er hat regelmäßig mehr oder weniger eine Woche bei uns und eine Woche bei seiner Mami gewohnt. Mike und Timm haben sich einen Sport daraus gemacht, Sina zu quälen. Einmal haben sie sie gefesselt und gesagt, sie ließen sie verhungern. Verhungern tönte in Sinas Ohren lebensbedrohlich, denn sie konnte immer essen und am liebsten was Süßes. Sie hat geschrien, bis die zwei doch Mitleid mit ihr hatten und sie wieder losließen.

Sina hatte zwei Katzen. Leider wurden diese nur 2 Jahre alt, Luci und Nici. Oh, wie hat Sina diese geliebt. Wenn Mike alleine war, hat er es nicht gewagt, ihnen etwas zu tun, doch mit Timm, dem Schlitzohr, zusammen war das kein Problem mehr. Sie haben Luci zwischen den Fensterladen und das Fenster gesperrt oder Nici in einem Tuch durch die Luft geschwungen und dies vor Sinas Augen. Was dann los war, muss ich wohl nicht erzählen.

Timm und Sina verstanden sich sehr gut, Timm konnte sie auch trösten oder wartete auf sie, wenn sie nicht mit uns mit kam.»Sinäli. Komm. wir warten auf dich.«

Als Sina von dem Wegzug von Timms Mami erfuhr, fragte sie mich, ob sie ihr großes Zimmer Timm überlassen soll und sie in das kleinere einziehen würde und nicht Timm. Natürlich wollten wir alle dies nicht, doch einfach so süß von Sina.

Sina war von uns allen der Geschenkemacher. Sie liebte es, uns diese Arbeit abzunehmen und übernahm dies mit einem Stolz und einer Gemütlichkeit, zu unserem Grauen. Timm durchschaute das gut und schnell.»Sinäli hast du gerade Zeit und würdest du dieses Geschenk für mich einpacken?« Dies natürlich 5 Minuten, bevor wir gehen wollten. Logisch wurde es dann schon etwas später, denn Kunst braucht ihre Zeit.

Timm und Sina haben sich einfach verstanden. Sie hätte die Herausforderung gepackt, mit einem zweiten Bruder unter einem Dach zu wohnen.

Sinas letzte Tage, Stunden, Minute und Sekunden

Sina kränkelte schon ein bisschen am Freitag nach ihrem letzten Schultag. Etwas Schnupfen und wenig Husten. Es verschlimmerte sich nicht übers Wochenende, doch besser war es auch nicht geworden trotz der üblichen Erkältungsmedikamente.

Montagmorgen, ich musste zur Arbeit, wie die anderen in dieser Familie auch. Sina riet ich, zu Hause zu bleiben und auszuruhen, denn es waren ja Fasnachtsferien. »Schlaf dich aus, trinke viel Tee und genieß deinen Tag, du kannst ja fernsehen.« So um 14 Uhr schrieb mir Sina, ob ich bald nach Hause komme. Bei mir an der Arbeit war nicht der Teufel los und ich beschloss, etwas früher zu gehen, um nachzusehen, wie es Sina ging. Zu Hause angekommen traf ich meine Kleine etwas munterer an. Sie überfiel mich auch gleich mit der Frage, ob sie nicht mit ihren Mädels morgen shoppen gehen könne. Ich gab ihr meine Erlaubnis und empfahl ihr, heute noch einen ruhigen Montagabend zu machen und morgen auszuschlafen, später loszuziehen und wenn sie beim Shoppen müde würde, könnte sie ja zu mir ins Spital kommen und mit mir nach Hause fahren. Ich arbeite im Spital in der Gastronomie.

Dies tat Sina dann auch und traf am nächsten Tag so gegen 13:30 Uhr bei mir im Restaurant ein. Sie fühlte sich etwas müde und wollte lieber mit mir nach Hause gehen. Ich konnte auch sofort Feierabend machen. Der Rest des Tages hat sich Sina ausgeruht, Tee getrunken und sich in Facebook vergnügt, dies natürlich vor dem Fernseher. Sie durfte tun, was sie wollte, mir war nur wichtig, dass sie zu Kräften kam. Ihre Erkältung machte ihr nicht mehr zu schaffen. Eigentlich kam sie mir fast vor wie immer, nur ein wenig schlapp.

Mittwochmorgen fuhren alle zur Arbeit, Sina blieb zu Hause, wollte vielleicht eine Freundin einladen, hatte noch keine konkreten Pläne.

Sina blieb an diesem Tag alleine, von Zeit zu Zeit hat sie sich übergeben, hatte schon viel Kraft verloren, doch dies bekam ich erst später am Rande mit und musste es mir anhand von Aussagen nach ihrem Tod zusammenreimen.

Wir freuten uns alle auf den Abend, denn wir wollten mit der ganzen Familie Pizza essen, weil Dani Geburtstag hatte.

Am Abend machen wir uns alle zurecht, Sina kam zu uns und meinte, sie komme nicht mit. Ich erkundigte mich wieso, denn sie machte einen normalen Eindruck. Sie meinte, ja nur, weil sie nicht so möge und uns unser Fest nicht vermiesen wollte. Wir erklärten ihr, dass das kein Problem wäre und wir auch nicht böse seien, wenn wir nur eine Stunde bleiben.

Sina war überzeugt und hatte eigentlich nur noch ein Problem: was ziehe ich an? Sie durfte sich etwas bei mir im Schrank aussuchen. Sie ging nach hinten und kam völlig in einer Euphorie wieder nach vorne. »Mami, weißt du, dass du ein schwarzes, rückenfreies Kleid hast, das ist ja so schön.« »Natürlich weiß ich das, Sina.« »Mami, wenn du dieses Kleid nicht mehr tragen kannst oder dir nicht mehr gefällt, wenn ich groß bin, darf ich das haben?« Ich werde ihre Augen, das Strahlen nie, nie vergessen.

Sina trug dieses Kleid bei ihrer Beerdigung.

Alle flott, zogen wir los. Wir hatten eine Pizzeria in der Nähe ausgewählt und uns auf ein kurzes Abendessen gemeinsam eingestellt und dies eigentlich, weil wir alle am nächsten Tag in der Früh zur Arbeit mussten. Sina saß neben mir, bestellte sich ein Rivella und aß eine Pizza Prosciutto Funghi, eigentlich wie immer, dies war ihre Lieblings-Pizza. Bevor sie richtig anfing zu essen, meinte sie noch, ob sie wohl die ganze Pizza möge.

Bei uns in der Familie kein Problem, denn wir lieben kalte Pizza und dies gibt bereits ein Znüni für den nächsten Tag. Am Schluss hatte sie fast die ganze Pizza weggeputzt und dazu munter geredet. Nach dem Essen musste sie auf die Toilette. Sie blieb einige Zeit weg und ich wollte schon nach ihr sehen, da kam sie gerade wieder zu uns an den Tisch. Sie war etwas ruhiger als vorhin, doch das ging eigentlich unter, da wir bereits die Rechnung verlangt hatten und daraufhin gingen.

Heute habe ich das Gefühl, sie musste erbrechen, als sie so lange vom Tisch war. Sie sagte nichts, doch dies war Sina, sie meinte sicher, uns das Fest zu vermiesen, wenn sie etwas sagen würde. Das war einfach wieder einmal eine Tat ihrer tapferen Art, lieber nichts sagen.

Zu Hause angekommen verlief eigentlich alles wie immer. Die Kids verschwanden in ihren Zimmern und Dani und ich genossen in der Küche noch einen gemeinsamen Kaffee, dann war es auch für uns Zeit zum Schlafengehen. Wie immer machte ich noch eine Tournee durch jedes Kinderzimmer. Ich wünschte nochmals eine gute Nacht und es bekam auch jedes noch einen Kuss von mir.

Meine Kids hatten schon lange das Gefühl, dass sie doch langsam zu alt wären für dieses Gutenachtküsschen, doch mir bedeutete es viel, auch heute noch.

Heute weiß ich, dass dieses Gutenachtküsschen für Sina das letzte Mal war. Ich habe es viel zu wenig genossen, ich verließ ihr Zimmer viel zu schnell. Lieber Leser, leider macht man so viele Sachen nicht mehr oder vergisst sie, sobald sie grösser werden. Die Kids finden es zu übertrieben, uns bedeutet es nicht mehr so viel. Ich weiß nur zu gut, was man verpasst hat, ist für den Rest des Lebens so, man kann es nicht zurückdrehen. Das ist in allem so, doch die Bedeutung bei den eigenen Kindern ist grösser. Bitte gleich wieder vergessen. Mein Sohn mit 17 Jahren gibt mir heute noch ein Gutenachtküsschen. Er sollte vielleicht nicht wissen, dass ich euch dies erzählt habe.

Als ich am Donnerstagmorgen, dem 14.02.2013 zur Arbeit fuhr, schlief Sina noch friedlich, wir machten auch alle leise, damit sie nicht erwacht. Später habe ich sie angerufen. Sina musste immer wieder erbrechen, konnte keine Flüssigkeit bei sich behalten. In ihrer Stimme hörte ich Schwäche, doch sie beschwerte und jammerte immer noch nicht. Ihre Worte waren nur: »Mami, ich habe Durst.« Wir beschlossen gemeinsam, dass ich beim Arzt anrufe und einen Termin für den Nachmittag abmache, dies tat ich auch. Unser Hausarzt war in Urlaub und ich meldete mich bei seiner Vertretung. Wir bekamen einen Termin um 16:30 Uhr. Ich gab ihr noch kurz Bescheid und verabredete mit ihr, nach meinem Feierabend gleich zu ihr zu kommen. Ich musste ihr noch versprechen, dass ich so früh wie möglich nach Hause komme. Um 13:00 Uhr hatte ich eine SMS von Sina auf dem Handy: »Mami, wann kommst du?«

Ich klärte dies sofort mit meiner Chefin und fuhr kurz darauf nach Hause. Sina lag auf dem Sofa in der Stube, Tee vor sich, den sie auf meinen Rat hin kaffeelöffelweise trank. Es ging nicht lange, dann kam dieser Tee wieder hoch, mittlerweile kam auch Galle hoch und es wurde übler für sie, zu erbrechen. Irgendwie wurde es 16:15 Uhr und es kam Erleichterung über uns. Wir machten uns auf den Weg zum Arzt. Dort angekommen, habe ich uns angemeldet und Sina verschwand auf der Toilette, auch Durchfall plagte sie plötzlich. Eigentlich wären wir gerade an die Reihe gekommen, doch weil Sina noch auf der Toilette saß, nahmen sie die nächste Patientin dran. Also mussten wir warten. Nach einer Weile konnten wir ins Labor und Sina wurde Blut abgenommen. Daraufhin nahmen wir im Untersuchungszimmer Platz, um auf den Arzt zu warten. Sina wurde sehr müde, ich habe ihr empfohlen, sich auf dem Untersuchungsbett hinzulegen, das tat sie auch. Ich kann euch heute nicht sagen, ob der Arzt uns wirklich lange warten ließ. Ich bekam einfach immer mehr den Eindruck, dass Sina und mir die Zeit davon läuft. Sina war gerade am wegkippen, heute glaube ich, es war das erste Mal an diesem Abend, dass sie kollabieren wollte. Genau da öffnete der Arzt die Tür, Sina erschrak und mir fiel ein Stein vom Herzen. Endlich würde ich wissen, was meiner Süßen fehlte.

Ich habe Sina immer meine Süße genannt, die anderen aus der Familie oder Bekannte haben »Sinäli« zu ihr gesagt.

Zuerst mussten wir erzählen, was Sina fehlte. Wir informierten ihn, dass Sina ständig erbrechen musste und mittlerweile auch Durchfall hatte und das Ganze mit einer leichten Erkältung begann. Sina zeigte noch auf ihr Brustbein, da würde es ihr wehtun. Es wurde uns erklärt, dass dies vom vielen Erbrechen komme. Der Arzt informierte mich, dass er im Blutbild nichts Auffallendes sehe, er gehe von einer Magen-Darm-Verstimmung aus. Ich bekam ein Pack Dafalgan gegen Schmerzen und Fieber, denn Sinas Temperatur war auf 39 Grad angestiegen, ein Pack Motilium Lingual gegen den Brechreiz und Pantopratzol für den Magen.

Erleichtert fuhren wir nach Hause. Schon im Auto wurde mir unwohl. Wie sollte ich ihr denn all diese Medikamente, die sie gesund machen sollten, geben? Sina konnte noch etwa 20 Minuten etwas bei sich behalten, dann erbrach sie es wieder. Auf der ganzen Fahrt fühlte ich mich nicht wohl, sah, dass dieser Besuch nicht die Lösung unseres Problems war.

Wie konnte mir ein Arzt Tabletten verschreiben, wenn das Problem, wegen dem wir zu ihm fuhren, Erbrechen hieß? Heute sage ich, es ist ganz bestimmt ein guter Arzt, denn er konnte nicht mehr sehen, als was ihm Sina lieferte. Ihren Bluttest habe ich auch anderen Ärzten gezeigt, die Pathologin hat ihn sich genauestens angesehen, jeder von ihnen hätte nichts anderes aussagen können. Später erfuhren wir, dass bei einem Infekt im Körper der Bluttest durchaus noch nichts anzeigt, denn er hinkt etwas hinterher. Daraus lernen wir, dass die Viren etwas schneller und fleißiger arbeiten. Motilium Lingual nimmt der Körper über die Schleimhaut im Mund auf, es hätte also, wenn es etwas genützt hätte, trotz Erbrechen etwas bewirkt. Dieses Mittel gab ich Sina aus unserer Hausapotheke schon am Nachmittag. Dazu kommt, dass Sina bis zum Schluss sehr tapfer war, genau wie ich, denn ich bin nicht die euphorische, Amok laufende Mami.

Im Hauseingang angekommen brach sie zusammen, auf dem Boden liegend flüsterte sie nur noch: »Mami, ich möchte nur noch schlafen.« Ich habe Dani und Timm gerufen, damit sie Sina nach oben trugen. Sie legten meine Süße auf das Sofa, doch es war nichts mit schlafen. Sina erbrach jetzt im 10 Minuten Takt, gleichzeitig saute sie sich das Höschen ein. Ihr Durst wurde immer grösser, sie wimmerte nach Wasser. Unser Gedanke war nur noch Notfall. Vom Arzt wurde ich ja nach Hause geschickt. Sollte ich wirklich den Notfall aufsuchen?

Sina konnte keine Flüssigkeit mehr bei sich behalten, für mich war klar, dass die Flüssigkeit über eine Infusion ihrem Körper zugeführt werden musste. Sie würde sonst verdursten. Dani rief noch seinen Chef, ein Freund von uns, an und holte sich bei ihm eine Bestätigung ein über unsere Gedanken. Er ist eidgenössisch, diplomierter Drogist und seine Frau Augenärztin.

Sina zeigte einfach nicht, wie es wirklich um sie stand. Außerdem hatte uns zuvor ein Arzt, nachdem er sie untersucht hatte, nach Hause geschickt. Könnt ihr mein Verhalten, mein Zögern verstehen?

Ich packte für mich und Sina eine Tasche zusammen. Sinas Pingu zum Schlafen, Schlafanzug, neue Wäsche und die Hausschuhe, das gleiche für mich, bis auf den Pingu natürlich. Für mich war plötzlich klar, dass wir zwei nicht wieder nach Hause kommen. Mein Mami-Gefühl kann mich nicht so trügen.

Dani machte noch eine Bemerkung:»Wäre schön, wenn ihr am Valentinstag, dem Tag der Liebe, wieder nach Hause kommt.«

Ich antwortete nur mit:»Ja, wir wollen sehen«, denn dies war für mich nicht mehr wichtig. Sina meinte nur darauf: »Mami, wenn ich im Spital bleiben muss, bleibst du bei mir?« Auch darauf antwortete ich nur mit»ja«. Ich funktionierte nur noch, studiert habe ich alles und fuhr mit meiner Tochter Hilfe suchend davon. Ich beschloss, alleine mit Sina zu fahren, denn wir kennen das stundenlange Warten auf dem Notfall. Sina saß ganz ruhig im Auto, sie hatte den Kopf auf der Seite angelehnt und versuchte zu schlafen. Plötzlich meldete sie sich, sie fing an zu wimmern, langsam aber sicher gingen ihr die Kräfte aus. Ich beruhigte sie, versprach ihr Hilfe auf dem Notfall. Angekommen, parkte ich nicht auf meinem gemieteten Parkplatz, der weiter weg liegt. Ich parkte gerade neben der Station. Sina stieg aus, am liebsten wäre sie gleich wieder zu Boden gegangen. Ich musste sie richtig zum Gehen anfeuern. Ein paar Schritte und sie erbrach sich auf den Boden. Es war schon dunkel.

Ich hatte das Gefühl, im Erbrochenen war Blut. Ich wischte ihren Mund ab, jetzt hatte ich Angst. Ich wollte es doch nur noch bis zum Notfall mit ihr schaffen, denn in meinen Augen war dieses Ziel unsere Rettung.

Angekommen setze ich sie vor der Anmeldung auf einen Stuhl. Ich Informierte den Herrn an der Porte und wir mussten dann anschließend im Warteraum Platz nehmen. Sina sprach nicht mehr viel, ich konnte nicht mehr sprechen, war ungeduldig, es dauerte mir viel zu lange. Sie verdrehte kurz ihre Augen und sank mit dem Kopf auf meinen Schoss.

Schon wieder hatte ich das Gefühl, sie trete weg, doch genau da kam jemand und holte uns in ein Zimmer, das aussah wie ein Vorraum der Notfallstation. Ihr Blutdruck und Puls wurden gemessen: Puls 78 und Blutdruck 123/82, eine Sauerstoffsättigung von 98%. Das Fieber war auf 36,4 °C gesunken, ohne dass wir etwas dagegen getan hatten. Ich fragte natürlich sofort nach, wie das sein kann. Mir wurde erklärt, dass es eine Fieberkurve gibt und es schon variieren kann. Ich erklärte noch, dass sie ihre Temperatur nur mal so um 3° gesenkt hat. Vielleicht war dies wirklich normal oder man wollte diesem Temperaturunterschied einfach keine Beachtung schenken. Somit legte ich keinen Wert mehr auf diese 3°, möchte nur erwähnen, dass unser Körper auf eine Zentralisierung genauso reagiert. Ein Körper reagiert nur im Notfall so, wenn er nämlich nicht mehr im Stande ist, den ganzen Mechanismus zu unterhalten, also konzentriert er sich auf die wichtigsten Organe. Dies wird im Fall eines sterbenden Menschen so gedeutet.

Sina war kein sterbender Patient zu dieser Zeit für die, die sich um sie kümmerten. Nur, wie weiß man dies, wie wagt man, dies anzunehmen? Mir fehlte die Ausbildung dazu und ich musste glauben, was mir erzählt wurde. Wir wurden in einen Raum mit einer Schiebetür geführt von der

Schwester Irena, die wir schon aus privaten Gründen kannten und die uns natürlich ein vertrautes Gefühl gab. Sina und
ich mussten einen Moment lang warten, dann kam ein
Assistenzarzt zu uns, nun konnten wir unsere Krankenge-
schichte erzählen. Die gleiche Geschichte wie beim Hausarzt. Ich habe ihm noch vom Schmerz unter dem Brustbein
erzählt, worauf wir wieder die gleiche Aussage bekamen,
das komme vom Erbrechen.

So nebenbei erwähnt: ist dies nicht auch die Stelle, die
schmerzt, wenn unser Herz sich bemerkbar macht? Es hätte
sich doch einfach einer dafür interessieren können, woher
der Schmerz kam. Er fragte mich nach dem Ergebnis des
Bluttests. Ich habe ihm gesagt, dass der Hausarzt nur gesagt
habe, er sehe nichts Auffallendes im Blut. Er untersuchte
Sina kurz und entdeckte im Nu ihre kollabierte Halsschlagader. Dies war der Beweis, dass sie dringend Flüssigkeit
brauchte. Sina machte zu dieser Zeit auch keinen so kranken
Eindruck. Ich denke, sie hat sich genau wie ich gefreut, dass
ihr geholfen wird. Irena legte bei Sina die Nadel für die
Infusion, die sie bekommen sollte. Irena wollte Blut nehmen für eine Analyse, aber der Assistenzarzt winkte ab. Da
ich sehr aufmerksam bin, habe ich dies mitbekommen, denn
es wurden nicht wirklich richtige Worte gesprochen, die
beiden verständigten sich über Blicke und Gesten. Die Infusion mit der Kochsalzlösung war angeschlossen und tröp-
felte in Sinas Venen.

Wir waren alleine. Bevor Irena den Raum verlassen hat,
stellte sie uns die Beleuchtung auf Schummerlicht, denn
Sina wollte schlafen. Irena verliess den Raum und zog die
Schiebetür zu. Ich hatte wegen der Wartezeiten auf dem
Notfall ein Buch mit eingepackt und beschloss, etwas zu
lesen, damit Sina schlafen könnte. Sina richtete sich auf,
musste erbrechen. Ich schoss aus meinem Stuhl hoch und

wollte ihr eine Brechschale reichen, doch wo war diese? Ich ging ums Bett, Sina kollabierte und fiel in meine Arme, sie wäre voll auf den Boden geklatscht, wäre ich nicht gerade am richtigen Ort gestanden. Sie lag ohnmächtig in meinen Armen, ich konnte keine Hilfe holen. Einen Knopf, den wir drücken konnten, wenn wir Hilfe bräuchten, hatten wir auch nicht bekommen. Ich, starr vor Angst, habe, wenn ich mir dies heute richtig überlege, nur kläglich um Hilfe gerufen. Eine Schwester, die nicht zu uns gehörte, kam und rief nach dem zu uns gehörenden Personal. Sina kam wieder zu sich, mit weit erweiterten Pupillen schlug sie ihre Augen auf. Sofort bemerkten dies alle. Ich fragte, ob das eine Schockreaktion auf das Stechen der Infusion sein könne. Natürlich nicht, denn das war schon eine Weile her. Irena und der Assistenzarzt unterhielten sich, ob es vielleicht vom Schlummerlicht kommen könne. Ich wurde gefragt, ob Sina Drogen nehme, natürlich nicht. Alles war Humbug, Sinas Körber gab uns Zeichen. Wäre nicht ein Pupillen-Reaktionstest mit einer Taschenlampe angebracht gewesen? Doch das wurde nicht gemacht, sorry für meinen Sarkasmus, doch ich denke, die Batterien der Taschenlampe waren leer.

Sina war ja wieder unter uns und ihr Kollabieren damit überstanden. Ihr Puls war auf 133 und der Blutdruck 103/65, Sauerstoffsättigung 95%. Irena machte eine Bemerkung und meinte: »Zum Glück muss ich nicht zu diesem Zeitpunkt bei Sina eine Infusion stechen.«

Den Assistenzarzt und die im Türrahmen lehnende Oberärztin, die in erster Linie für Sina da sein sollte und danach für den Assistenzarzt und mich, bewegte dies nicht, ich konnte jedenfalls nichts davon spüren. Danach wurde Sina das Medikament Primperan verabreicht. Dieses Medikament nimmt dem Patienten den Brechreiz und er muss nicht mehr erbrechen.

Sina wurde unruhig und meinte:»Mami, ich kann nicht mehr schlafen.« Ich musste ihren Arm immer und immer wieder in eine gerade Linie bringen, damit die Infusion überhaupt laufen konnte. Das Primperan war schon ganz durchgelaufen, von der Kochsalzlösung war noch etwas da. Sina bewegte sich rasant hin und her, fiel fast aus dem Bett. Ich informierte Irena darüber. Sie sah das selber und machte am Bett die Seitenstützen hoch. Der Assistenzarzt kam wieder in unser Kämmerchen. Er begann gleich mit:»Sina, du bist erst 12 Jahre alt, wir nehmen erst Patienten ab 17 Jahren auf die Station.«

Dies ist Gesetz, ja! Aber ist das ein Grund, einen Patienten nach Hause zu schicken in diesem Zustand? Nein, Sina konnte nichts dafür, dass sie erst 12 Jahre alt war.

Weiter fragte er Sina, wie es ihr gehe. Sina schoss wie von einer Wespe gestochen hoch und antwortete:»Mir geht es gut.« Verständlicherweise wollte sie natürlich nach Hause, wer bleibt gerne im Spital. Ich widersprach ihr und meinte zum Arzt:»Sina ist unruhig, sie dreht sich hin und her und sagte mir, sie könne nicht mehr schlafen, sie atmet plötzlich so fest, es geht ihr nicht gut.«

Ich hatte das Gefühl, seit Sina an der Infusion hing, hätte sich ihr Zustand nicht gebessert, aber verändert. Ihr Verhalten machte mir mehr Angst. Für mich atmete sie wie eine alte Dampflokomotive, die sich einen Berg hoch mühte.

Er korrigierte mich und meinte:»Nicht fest, vielleicht ein wenig schnell«, mehr Wert legte er nicht auf meine Aussage. Wir warteten alle noch, bis die Infusion zu Ende war. In dieser Zeit machte der Assistenzarzt die Entlassungspapiere fertig. Sina durfte mittlerweile auch schon wieder Wasser trinken, es blieb bei ihr und sie genoss es, endlich konnte sie ihren Durst löschen. Logisch, nach diesem Medikament hätte sie auch ein Menü essen können, es wäre geblieben. Es war ganz ehrlich eine Symptombekämpfung, doch das eigentliche Problem wurde nicht erkannt, respektive gesehen.

Jetzt musste sie auch noch auf die Toilette. Ich wollte ihr schon in die Schuhe helfen, da kam auch schon Irena um die Ecke und meinte:»Wir brauchen die Schuhe nicht anzuziehen, wir schieben Sina im Bett zur Toilette, sicher ist sicher.« Ich fühlte mich schon den ganzen Abend nicht wirklich verstanden, doch Irena konnte mich spüren. Ich habe mit ihr nie darüber geredet und weiss nicht, ob es wirklich so war. Die Art und Weise, wie sie auf die Messgeräte geschaut hat, nachdem Sinas kollabiert ist, ihre Aussage, dass sie zum jetzigen Zeitpunkt keine Infusion stechen möchte. Auch dass es für sie sicherer war, Sina mit dem Bett zur Toilette zu schieben. Wir sind beide Mütter, eine Mutter spürt, wenn beim Kind etwas nicht stimmt. Leider habe ich mich nicht durchgesetzt, blieb ruhig, vertraute nicht auf das, was ich spürte, sondern vertraute dem Assistenzarzt und im Hintergrund stand ja auch immer noch zur zweiten Meinung eine Oberärztin dahinter. Ich denke, sie hatte die Aufgabe, den Assistenzarzt zu überwachen an diesem Abend und wäre zur Hilfe gestanden, wäre sie nicht mit etwas einverstanden gewesen. Ich, wie auch Irena, denke ich, haben dem IQ-Höheren vertraut. Götter in Weiss!

Irena schob Sina vor die Toilette und ich ging nebenher. Irena fragte Sina, ob wir mit hinein kommen müssen, ob sie Hilfe brauche. Sina wollte alleine gehen, es waren für sie noch etwa 2 Meter.

Ich kenne meine Süsse, denn immer wenn eines von uns in der Familie erbrechen muss, rate ich, in kleinen Mengen zu trinken und kleine Schlucke zu nehmen. Ich werde nicht immer ernst genommen, denn der Durst ist erstrangig und es kommt vor, dass meine Kinder meinen Rat nicht ernst nehmen. Das Ergebnis ist meistens, dass sie zu viel trinken und wieder erbrechen.

Das war natürlich die Chance für Sina, auf der Toilette sich unter den Wasserhahn zu hängen und ihren grossen Durst zu löschen. Ich hatte meine Schlawiner natürlich schon lange durchschaut. Sie kam wieder zurück und kroch ins Bett. Als wir dann wieder an unserem Platz angekommen waren, war auch ihre Infusion bis auf einen kleinen Rest durchgelaufen. Der Assistenzarzt stand auch schon in der Tür und hatte die Entlassungspapiere dabei. Sina zog sich mit meiner Hilfe an. Wir wurden verabschiedet mit den Worten:»Sina, wir wünschen dir gute Besserung.« Ich bekam noch beruhigende Worte mit auf den Weg, die nächsten 6 Stunden würde nichts passieren und würde sich danach keine Besserung zeigen, müsste ich Kontakt mit dem Kinderspital aufnehmen. Ich zottelte mit meiner Tochter aus der Station, stützte sie am Arm. Das Personal lief in Richtung Pausenraum. Ich hörte noch die Worte:»Was machen wir noch heute Abend?«

Außer Sina hatte es, glaube ich, noch 1 oder 2 Patienten, es war richtig ruhig oder sogar langweilig auf der Station an diesem Abend.

Wir stiegen ins Auto, Sina unruhig, klappte den Autositz nach unten, nach oben, atmete schnell, laut, wie sie im Weltall nach Luft schnappen würde, wenn einfach der Sauerstoff fehlte. Bitte fragt mich nicht, wie wir nach Hause kamen, es war der glatte Horror. Wenn dein Kind krank ist, ein Hausarzt, ein Assistenzarzt und eine Oberärztin dich und dein Kind nach Hause schicken nach der Behandlung von deinem Kind.

Ich hatte Angst, ich dachte, ich drehe durch, ich vertraute meinem Gefühl nicht mehr, ich dachte, meine Welt geht unter. Ich wusste noch nicht, dass ich Recht hatte. Um 21:45

Uhr stiegen wir aus dem Auto. Sina klappte im Hauseingang zusammen und schon wieder verliessen sie ihre Kräfte. Ich habe Dani um Hilfe gerufen und Dani und Timm trugen Sina nach oben. In der Küche angekommen, wollte Sina noch etwas trinken. Sie setzte sich an den Tisch und ich gab ihr ein Glas Wasser mit einem Tropfen Orangensaft. Sie trank hastig, stellte das Glas noch halbvoll auf den Tisch. Sie griff nochmals zum Glas, doch sie war nicht mehr bei sich, goss das halbe Glas über sich und zeigte keine Reaktion. Ich beschloss, mich mit ihr ins Bett zu legen, das Atmen, die Unruhe, ihr Zustand hatte sich nicht verbessert. Ich half ihr beim Umziehen, sie war so unkontrolliert, ich glaubte, diese wahnsinnige Unruhe waren Krämpfe oder sind es von Anfang an gewesen. Als sie in ihre Pyjamahose steigen wollte, musste ich mich unter sie werfen, damit sie sich nicht am Bettgestell verletzte. Ihre Bewegungen waren unkontrolliert. Ich konnte sie kaum mehr halten, ihr Körper war eisig kalt.

Dani musste mich ablösen, auf sie aufpassen. Ich ging zum Telefon und rief noch mal auf der Notfallstation an, denn ich dachte, sie kennen unsere Geschichte schon und es wäre der schnellste Weg, die ersehnte Hilfe zu bekommen.

Ich verlangte nach dem gleichen Arzt und erzählte vom Zustand meiner Sina, dass sich ihr Atmen und diese Unruhe nicht verändert hatten. Sie wäre apathisch und würde aus dem Bett fallen, wenn ich nicht auf sie aufpasse. Ihr ganzer Körper wäre kalt. Ich fragte ihn, ob dies Nebenwirkungen vom Primperan seien.

Ich bin mit einem müden, kraftlosen, ruhigen, erbrechenden, mit Durchfall erkrankten Mädchen im Notfall angekommen und mit einem schwer oder schnell atmendem, unruhigen oder krampfenden, bis zu Hause apathischen Mädchen gegangen, das immer kälter und kälter wurde.

Meiner Beobachtung nach genau, nachdem dieses Primperan in Sinas Körper eingetreten war.

Der Assistenzarzt ging sofort auf meinen Vorschlag ein und machte sich am PC schlau. Es stimme, Primperan löse Krampfanfälle aus, dass dies bis zum Herzstillstand kommen kann, überlas er, oder unsere PCs im Spital sind nicht ganz auf dem neusten Stand, denn wenn ich nach der Packungsbeilage google, bekomme ich diese Information. Wäre ich Arzt, würde ich mir doch langsam aber sicher Sorgen machen und eine Ambulanz beim Patienten vorbeischicken. Ich als Mami von Sina, wie der Assistenzarzt von Sina konnten wirklich nicht wissen, wie sie auf dieses Medikament reagiert, aber reagieren hätte man müssen.

Mir wurde am Telefon erklärt, dass dieses Medikament in 4 bis 6 Stunden vom Körper abgebaut wird und damit Sina nicht auf den harten Boden falle, könnte ich ja eine Matratze davor legen. Meine Gedanken, nachdem ich aufgehängt hatte, waren nur, wie halten Sina und ich diese 4 bis 6 Stunden aus. Ich wusste zu dieser Zeit noch nicht, dass dieses Medikament solche frappanten Nebenwirkungen hat, darüber machte ich mich erst nach Sinas Tot schlau.

Ich löste Dani an Sinas Bett wieder ab und übernahm die Aufsicht, dabei hatte ich ein warmes Kirschensteinsäckli, um sie zu wärmen. Ich lag bei ihr auf dem Bett, hatte keine Chance, sie zu wärmen, halten, streicheln. Sie sprach nicht mehr, überschlug sich im Bett, drehte sich hin und her, schlug gegen die Wand. Es war für mich eine nicht auszuhaltende Situation, meine Süsse, unser Nesthäkchen, so zu sehen. »Ohhh, die Erlösung«, dachte ich. Sina wurde ruhiger, seit 2 Minuten lag sie auf ihrem Bauch, den Kopf von mir weggedreht, auf dem Kissen. Sina erhob ihren Oberkörper, drehte den Kopf zu mir und sagte: »Mami, ich sterbe.« Mit dem letzten laut E war Sina schon tot. Sina lag auf dem

Bauch, den Kopf in einer Spalte zwischen Bett und Wand. Ich hörte nur noch ein Röcheln wie Erbrechen, dies ganz kurz. Ich sprang hoch, kniete mich neben ihr auf dem Bett hin, hob sie hoch, immer wieder hörte ich ein Röcheln, ich hielt sie in meinem Schoss fest, schubste sie immer wieder an, hob sie an, immer wieder hörte ich ein Röcheln. Das gab es nicht, es konnte nicht sein, dass sie einfach so aufgegeben hatte. Ich wollte es nicht wahrhaben, beschloss, dass das Röcheln, das ich hörte, ein schwaches Atmen sei. Ich rief Dani und Timm, Dani setzte sich neben mich und ich übergab ihm Sina. Dies spielte sich in einer ganz kurzen Zeit ab, denn ich lief sofort zum Telefon und rief noch mal den mit der Geschichte vertrauten Assistenzarzt auf dem Notfall an. Der hatte leider schon Feierabend und ich hatte seine Ablösung am Telefon, doch einigermassen wusste dieser Bescheid. Ich beschrieb ihm, dass Sina kaum noch atme, worauf er mir riet, die Ambulanz zu rufen. »Ja, eben, genau diese brauche ich und schicken Sie bitte schnell einen Krankenwagen vorbei.«

»Das darf ich nicht.« Ich glaubte, mich verhört zu haben. Wie? »Sie müssen das selber tun, ich kann dies nicht.« Hastig sagte ich: »Jetzt muss ich aufhängen und noch mal durchwählen?« »Ja«, meinte er.

Ich nehme mal an, dass es sich dabei um eine Massnahme der Kostenübernahme handelt, denn wenn ich plötzlich gesagt hätte, ich bräuchte jetzt doch keinen Krankenwagen … Vorschriften halt. Wenn ich beim Hausarzt bin und dieser hat als mein behandelnder Arzt das Gefühl, jetzt bräuchte ich einen Krankenwagen, geht dies, ohne dass ich auf dem Schragen liegend selber anrufen muss. Ich hatte mich doch bei Sinas behandelndem Arzt gemeldet. Ganz ehrlich, wenigstens könnte er mich durchstellen, denn sogar im Restaurant, in dem ich arbeite in diesem Spital, geht dies.

Nach diesem Gespräch hatte ich keine Zeit, mir beschissen vorzukommen, das kam erst später. Ich wählte die Nummer 144 und hatte am anderen Ende eine Männerstimme am Telefon. Er wollte wissen, um was es geht, hastig erkläre ich ihm, dass meine Tochter nur noch ganz wenig atmet und dass sie sofort kommen müssten, eilig gab ich meine Adresse bekannt. Er fragte noch mal nach, ich antwortete wieder: »Fahrt sofort los!«, und gab meine Adresse noch einmal bekannt. »Sie atmet nicht mehr!«

Ich wollte doch so schnell wie möglich wieder zu Sina, ich konnte doch einfach nicht mehr, meine Kräfte schwanden, eine riesige Verzweiflung kam über mich und das Schlimmste an diesem Abend, ich mochte einfach nicht mehr um Hilfe betteln, damit uns endlich geholfen würde. Ich war an meinem Ende angekommen, es reichte, ich konnte nichts mehr ertragen.

Ich wusste noch nicht, dass es noch schlimmer kam.

Nachdem ich den Hörer aufgelegt hatte, dachte ich mir: dies ist das erste Mal an diesem Abend, dass mir jemand glaubt.

Ich wusste, sie werden kommen, glaubte, sie würden uns helfen. Sie kommen und werden meiner Sina helfen.

Seit etwa einer Stunde hatte es angefangen zu schneien. Wir warteten, Dani hielt Sina immer noch in seinen Armen, Timm musste ihm ein kalt ausgewaschenes Waschtuch bringen. Er wusch ihr Gesicht, wischte den Schaum von ihrem Mund. Er wollte einen kleinen Spiegel, den ich in Sinas Schminkecke sofort fand, ein kleiner runder, rosaroter Spiegel. Er hielt ihr den Spiegel vor Mund und Nase, zog ihn aber sofort wieder weg. Jeder von uns wusste, dass Sina nicht mehr lebte. Keiner wagte es zu sagen oder wollte es wahrhaben. Sinas letzter Atemzug war um 23:10 Uhr, die Ambulanz seit 23:20 Uhr unterwegs.

Ich öffnete immer wieder, wenn ich bei ihr im Zimmer stand, das Fenster, um etwas frische, kühle Luft hinein zu lassen. Die meiste Zeit raste ich durchs Haus, schaute in der Stube zum Fenster hinaus, riss es auf: sehe ich, höre ich etwas? Nein, es war alles still. Unsere Nachbarn schliefen schon, es war dunkel, der Schnee setzte sich auf der Strasse schon an, es hatte so viel geschneit. Ich machte das Fenster zu, lief wieder zu Sina, lief wieder aus ihrem Zimmer, runter auf die Strasse. Nichts, keine Sirene, kein Blaulicht, keine Ambulanz. Es fühlte sich an wie Stunden, bis ich von weitem die Sirene von Zeit zu Zeit hörte, dann konnte ich das Blaulicht über den Dächern Richtung Hauptstrasse sehen. Es ging noch eine Zeit, dann kam der Krankenwagen den Berg hinaufgekrochen, denn der Schnee auf der Strasse war schon rutschig.

Um 23:45 Uhr stiegen die Sanitäter aus dem Auto, mit dabei eine Assistenzärztin. Ich eilte sofort in Sinas Zimmer voraus. Sina lag bei Dani im Schoss, die Ärztin griff nach ihrem Puls, kein Puls da, von da an gingen wir aus dem Zimmer. Ich sah nur noch, wie sie Sina auf den Boden legten, einer der Sanitäter die Rolle mit den Medikamenten schon ausrollte und schon hörte ich noch »Adrenalin«. Es ging alles so schnell, später hörte ich von Marvin, dass er sogar vergessen habe, seine Handschuhe anzuziehen.

Plötzlich wurde nur noch reagiert, nur zu spät.

Mike, Sinas Bruder, schlief noch. Er hat ein Zimmer im Kellergeschoss und bekam von dem allem nichts mit. Timm, Dani und ich verkrümelten uns in der Küche, es redete niemand.

Von Sinas Zimmer her konnten wir immer und immer und immer wieder, ich weiss nicht, wie viele Male, diese elektrische Stimme hörte. Ein Gerät, das an Sina angeschlossen war, gab zuerst einen Laut von sich und sprach dann:»Herzrhythmusstörungen, bitte überprüfen Sie Patient oder Gerät.« Um Mitternacht habe ich Sinas Pa angerufen, kurze Zeit später stand er schon bei uns in der Küche. Wir konnten und wollten immer noch alle nicht glauben, was in Sinas kleinem Zimmer geschehen war, obwohl wir es wussten. Marvin kam zu uns, fragte mich:»Petra, was ist da passiert?« Ich gab keine Antwort. Ich fragte ihn:»Habt ihr sie schon zurück geholt?« Ich wusste, dass es nicht so war, vielleicht glaubte ich an ein Wunder, glaubte an ein Ja, hatte noch Hoffnung. Er verschwand wieder in Sinas Zimmer. Sie wussten es, ich wusste es, wir alle wussten es: Unser Nesthäkchen war tot. Trotzdem versuchten sie es noch weiter, ich hörte sie zählen: 26, 25, 24, 23, 22, ihre Stimmen wurden leiser und bei 20 hörte man nichts mehr.

Um 00:15 Uhr kam die Assistenzärztin zu uns und teilte uns mit, dass sie mit der Reanimation aufhören, Sina sei gestorben. Sie würden ihre Sachen wegräumen und später dürfen wir zu ihr. Ich wusste es doch die ganze Zeit, doch ich wollte es nicht hören, wollte keine Bestätigung. In diesem Moment starb nicht nur meine Süsse, es starb auch ein Teil von mir, dieser Teil ist bis heute tot. Sina war gegangen, mein eigen Fleisch und Blut, meine ganze Arbeit, meine grosse Liebe, die ich ihr gab, meine Erziehung, mein Verständnis, meine Sorgen, die ich mir um sie gemacht habe, diese viele Zeit, die ich gerne in sie investiert habe, sie hat mich so oft gefordert, sie war gegangen, ohne sich zu verabschieden, ich konnte sie nicht verabschieden!

Der Arzt auf der Notfallstation hatte gesagt, die nächsten 6 Stunden würde nichts passieren. Dass er meinte, die nächsten 6 Stunden wirke das Primperan und sie müsse nicht erbrechen, konnte ich natürlich nicht wissen, denn ich trage keinen weissen Kittel. Hättet ihr das gewusst?

Um 21:40 Uhr habe ich den Notfall verlassen, um 23:10 Uhr ist Sina gestorben. Für einen kurzen Moment spürten meine Beine den Boden nicht mehr, ich sackte kurz zusammen. Sie legten mich auf das Sofa, der Moment danach fehlt in meinem Kopf.

Ich stand auf, suchte die andern, die überall im Haus sich verteilt hatten. In der Küche die einen, im Garten die anderen. Es tat nur noch weh, es war unbegreiflich, unsere Sina war nicht mehr da. Ich nahm im Garten Sinas Pa in den Arm, ging wieder in die Küche, drückte Timm an mich, wir versuchten uns gegenseitig zu trösten. Zum Glück reagiert unser Körper wie bei einem Unfall auf so ein schlimmes Ereignis mit Schock, der bei mir anhielt bis nach Sinas Beerdigung. Beat, Sinas Pa, holte Mike, der immer noch schlief und riss ihn mit der traurigen Botschaft aus dem Bett.

Wir durften zu Sina, ich ging auf direktem Weg, kniete mich neben sie. Sie lag mit ihren langen Haaren in ihrem Zimmer auf dem Boden, unter ihr der runde, rote Teppich, den durfte sie sich bei Ikea aussuchen. Ihre Bettdecke verdeckte ihren Körper, bis unter die Achselhöhlen hinaufgezogen. Ihre Händchen in ihrem Schoss gefaltet. Ihre langen, blonden Haare streng nach hinten gestrichen. Ihre Lippen waren von den Strapazen und der wenigen Flüssigkeit, die sie zu sich genommen hatte, aufgesprungen. Ich strich ihr durchs Haar, streichelte sie im Gesicht, gab ihr Küsse auf die Stirn, ihre Stupsnase, hielt ihre Hände.

Marvin kam zu mir, kniete sich neben mich und legte seine Hand auf mein Knie. Er versicherte mir, sie hätten alles nur Erdenkliche getan. Er versuchte, mir verstehen zu geben, dass es für Sina der bessere Weg war zu sterben, denn ihr Hirn bekam etwa 30 Minuten keinen Sauerstoff, sie wäre nicht mehr unsere Sina gewesen, die wir kannten.

Das war zu diesem Zeitpunkt schwierig für mich zu verstehen. Heute verstehe ich dies natürlich sehr gut, denn lieber trage ich ihren Tod und den Schmerz des Verlustes, als sie eine Behinderung.

Bekommt unser Körper 30 Minuten keinen Sauerstoff, funktioniert nicht nur das Hirn, nein, auch unsere Innereien nicht mehr. Dies wäre bestimmt kein Leben mehr gewesen für unsere lebendige Sina. Als ich später wieder arbeitete, kam ein Kardiologe zu mir, er wollte mich trösten. Er erklärte, dass Patienten, die eine Herzmuskelentzündung überleben, so oft nach einiger Zeit trotzdem sterben. Nach einer so langen Zeit, wie Sinas Körper der Sauerstoff fehlte, sei eine Dialyse oft eine zwingende Behandlung und später eine Transplantation nötig. Ich verstand ihn ebenfalls in diesem Moment nicht.

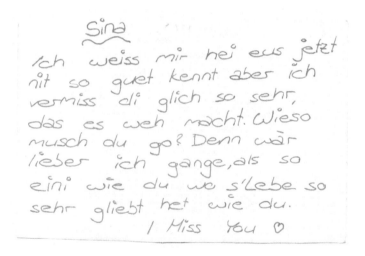

Sina

Ich weiss mir hei eus jetzt nit so guet kennt aber ich vermiss di glich so sehr, das es weh macht. Wieso musch du go? Denn wär lieber ich gange, als so eini wie du we s'Lebe so sehr gliebt het wie du. / Miss You ♡

Diesen Zettel hatte ich bei den Geschenken, die ich von Sinas Schulkameraden bekam. Könnt ihr mich verstehen, wieso ich lieber mit der Trauer lebe?

Natürlich konnte ich an diesem Abend noch nicht so denken, dies war viel Arbeit und brauchte eine lange Zeit. Für mich, neben Sina kniend, stand die Zeit still. Dani holte mich in die Küche, alles voller Polizisten, woher kamen denn all diese Leute? Sie haben mir, uns kondoliert. Fragten uns, ob wir einen Beistand haben wollen. Um Himmelswillen, was ist ein Beistand? Sie erklären uns, dass dies eine Institution des Kantons ist, die einem zur Seite steht nach so einer Tragödie. Uns war dies recht und sie wurden von der Polizei telefonisch abgerufen. Von der Polizei wurden auch noch die Gerichtsmedizin und der Leichenbestatter herbestellt.

Auf der Straße lag mittlerweile viel Schnee und es gelangten alle nur mühsam zu uns, es dauerte alles ein bisschen länger. Die Polizei müsste eigentlich noch ein Protokoll aufnehmen und ich wurde gefragt, ob ich mich im Stand fühle, dies jetzt zu erledigen oder lieber morgen auf den Polizeiposten käme. Tönt brutal, Sina war noch keine zwei Stunden tot und ich musste mich hinsetzen und diese ganze Geschichte erzählen. Mir war es lieber, es gleich hinter mich zu bringen, denn ich hatte das Gefühl, es würde noch viel auf uns zukommen, obwohl ich überhaupt keine Ahnung hatte, was alles noch kam.

Ich glaube, auch der Gang am nächsten Tag auf den Polizeiposten würde mir sicher nicht leichter fallen. Ich setzte mich mit einem Polizisten in der Stube auf das Sofa und begann zu erzählen.

In der Zwischenzeit wurde das Spurensicherungs-Team vom Staatsanwalt, der mittlerweile auch eingetroffen war, auf den Notfall geschickt, um alle Unterlagen abzuholen.

Hierzu gibt es eine Geschichte. Über ein Jahr später wurde am Arbeitsort von Dani eingebrochen. Die Spurensicherung vor Ort meinte, Dani zu kennen.»In Zusammenhang mit einem tragischen Fall«, wird er gefragt.»Ja, der Tod von Sina.« Der Beamte unterhielt sich mit Dani und machte ihn auf das Untersuchungsprotokoll des Assistenzarztes aufmerksam. Er erzählte, dass dies auf dem Posten Grund zu Diskussionen gab. Im Spital erhielten die Beamten einen Durchschlag des Protokolls, man konnte es nicht richtig lesen, das Original wurde verlangt. Als sie dieses in ihren Händen hielten, konnte man lesen, was darauf stand, doch da standen noch Dinge, die auf dem vorigen Protokoll nicht standen und der Assistenzarzt hatte ja bereits Feierabend. Ich denke, was Sinas Tod betrifft, spielen diese Zeilen keine Rolle. Es ist nicht fair und es wurde vielleicht vertuscht, wie zuvor gearbeitet wurde. Dies ist meine Interpretation. Ich war nicht dabei, jedenfalls hat dies die zwei Beamten noch lange beschäftigt.

Der Polizist hatte in der Zwischenzeit schon einen großen Teil von meiner Geschichte aufgeschrieben. Der Staatsanwalt kam zu uns, die Spurensicherung von der Gerichtsmedizin war eingetroffen. Wenn wir noch mal zu Sina möchten, sollten wir dies tun. Ich unterbrach meine Erzählung und ging zu Sina, alle kamen. Ich streichelte ihr übers Gesicht, sie hatte die restliche Wärme verloren, bekam einen Kuss auf die Stirn und ich betrachtete einfach meine leblose, immer noch so hübsche, kleine, süße Maus.

Wir beeilten uns, um den Gerichtsmedizinern Platz zu machen. Ich ging zurück, um noch den Schluss zu Protokoll zu geben. Als ich unterschrieben hatte, traf das Team Beistand ein.

Mein Schatz hatte den ganzen Abend schon den Überblick, er wusste, wer sich wo aufhielt, denn wir wussten ja auch nicht, wie unsere Jungs mit so einem Erlebnis und Anblick umgehen würden. Sie haben sich angefühlt wie kleine Pulverfässer. Dies war auch das einzige, was ich noch wahrgenommen habe, mich interessierte:»Wie geht es den Jungs?« Es war mir wichtig, dass nicht plötzlich einer verschwand oder alleine war. Ich hatte keinen Überblick mehr, wer bei uns war. Ich weiß nur, es waren wahnsinnig viele Personen. Ich konnte mir auch nur wenige Gesichter merken. Ich kenne die Personen nicht mehr, sehe ich sie auf der Straße, ich weiß es nicht, ob sie da waren oder nicht.

Zwischendurch hatte Beat seine Freundin Rita informiert und sie war bereits eingetroffen. Wir haben uns dann alle an den Tisch in unserer Stube gesetzt. Das zweiköpfige Team vom Beistand hat uns unsere ersten Fragen beantwortet und auch vieles, was auf uns zukäme, erklärt. Wir hatten doch alle überhaupt keine Ahnung, was jetzt alles zu veranlassen war. Für mich war eine Welt, meine Welt, untergegangen. In diesem Team war für uns an diesem Abend eine Frau dabei. Sie kümmerte sich zuerst um mich und vor allem um unsere Jungs, Timm und Mike, Sinas Bruder. Nachdem die Gerichtsmedizin abgeschlossen hatte, durften wir wieder zu Sina. Die Frau begleitete uns, begleitete Mike, er war einmal eine lange Zeit bei ihr. Die zwei verschwanden in einem anderen Zimmer. Ich weiss nicht, worüber sie gesprochen haben, was sie Mike erzählte, es tat ihm gut, später gut.

Mike kam nach dem Gespräch mit dieser Frau zu mir auf die Couch, setzte sich neben mich. Er zitterte am ganzen Körper, die Beine gingen in einem wahnsinnigen Tempo auf und ab. Ich versuchte, ihn in den Arm zu nehmen, es gelang mir nicht richtig. Er schlug die Hände vor dem Gesicht zusammen, die Ellenbogen auf den Knien aufstützend. Sehr wahrscheinlich liess er sich das Gespräch mit dieser Frau noch mal durch den Kopf gehen, von da an konnte ich ihn gefasster fühlen. Er wurde ruhiger.

Ich weiss noch, wie ich einmal zum Fenster hinaus sah, Krankenwagen mit Blaulicht, es war die ganze Zeit angeschaltet geblieben, dahinter eine schwarze Limousine, die Toten-Limousine, Autos und Polizeifahrzeuge.

Wir bekamen auch viele Visitenkarten in die Hände gedrückt, wie die vom Leichenbestatter aus unserer Nähe. Möchten wir einen anderen, dürften wir diesen natürlich nehmen. Wir nahmen alles, was uns empfohlen wurde, denn zum Beispiel einen anderen Leichenbestatter hatte ich nicht in meiner Agenda. Möchte aber auch erwähnen, dass wir sehr zufrieden waren.

Wir wurden informiert, dass Sina jetzt in das Institut für Rechtsmedizin gebracht werde. Für den Abtransport wurde sie in einen Sack gelegt und in der Limousine abtransportiert. Es ist so üblich, dass sich die Betroffenen diesen Anblick ersparen, denn dieser Moment ist nicht schön mitanzusehen. Wir sollten uns noch von ihr verabschieden und wenn wir möchten, dürften wir ihr ein Kleid, ja ein Kleid, ja genau dieses Kleid, mitgeben. Ich musste nicht lange überlegen und ihr wisst auch schon, welches Kleid. Dieses schwarze, rückenfreie Kleid, dieses Kleid, das Sinas Augen zum Strahlen gebracht hatte.

Ich verabschiedete Sina mit dem Gedanken: ich kann dich noch einmal besuchen. Ich darf dich noch einmal sehen, meine Süsse, ich darf dir noch einen Kuss geben, meine geliebte Tochter.

Der Bestatter informierte uns nämlich im Voraus, sobald sie zur Beerdigung frei gegeben würde, werde er sie auf dem IRM abholen und sie bereit zur Aufbahrung machen. Wir dürften noch mal zu ihr, im Leichenschauhaus könnten wir sie noch mal besuchen. Diese Worte taten gut, diese Worte gaben mir das nächste sinnvolle Ziel vor.

Wir versammelten uns alle wieder am Stubentisch und

wagten alle nicht daran zu denken, dass Sina in diesem Moment unser Haus in einem Sack verließ, das konnte doch gar nicht sein.

Ich versuchte, ich gab mir so Mühe, alles, was gerade zuvor passiert war, aus meinen Gedanken zu streichen. Doch von da an hatte ich für sehr lange Zeit immer und immer wieder diese Bilder, wie Sina starb, vor meinen Augen. Es half nicht, nicht daran zu denken, die Bilder holten mich immer wieder ein und versetzten mich in die Tatsache, dass meine Tochter gestorben ist.

Von den Beamten waren schon einige gegangen, der Bestatter fuhr mit Sina weg. Unser Staatsanwalt kam zu uns und informierte uns, dass wir morgen, beziehungsweise schon heute, von ihm hören würden und wir bereits Bericht bekommen, ob das Sterben von Sina durch äussere Gewalteinwirkung beeinflusst wurde. Es war bereits Freitagmorgen um 05:30 Uhr. Wir blieben noch gemeinsam am Tisch sitzen, der Papi von Sina mit seiner Freundin Rita, Dani und ich mit unseren beiden Jungs, Mike und Timm. Wir besprachen noch, wie wir alles den Grosseltern berichten. Wir beschlossen, dass wir uns alle um 08:00 Uhr bei uns treffen und wir gemeinsam zu ihnen fahren und die traurige Mitteilung überbringen.

Um 06:00 Uhr gingen Beat und Rita nach Hause und wir entschieden, uns etwas hinzulegen.

Der Tag danach,
bis zur Beerdigung

Um 6:30 Uhr sass ich schon wieder auf der Bank am Küchentisch. Ich wusste da noch nicht, dass diese Bank für die nächsten 17 Wochen, ob am Tag oder in der Nacht, mein Lieblingsplatz sein würde. Noch heute, wenn ich nicht schlafen kann, zieht dieser Platz mich an.

Mike machte seit 2 Wochen eine Schnupperlehre als Maurer, heute wäre sein letzter Tag gewesen. Ich rief in der Baufirma an und liess Mike entschuldigen, seine Schwester sei heute Nacht gestorben. Dies tat ich dann noch beim Chef von Timm, Dani und meiner Chefin. Es war eine so doofe, saublöde Situation, ich konnte es ja noch nicht einmal glauben. Ich wollte es doch nicht wahrhaben, trotzdem liess ich uns an unserer Arbeit entschuldigen, genau aus diesem Grund. Sina ist tot!

Es fiel mir sehr schwer, eine solche Mitteilung durchs Telefon zu geben. Noch schwieriger stelle ich mir vor, wie reagiere ich auf der anderen Seite vom Telefon auf so eine Information? Eigentlich gibt es Situationen im Leben, die dürften nicht sein. Trotzdem gibt es sie. Wie ich erfahren musste.

Um 7:30 Uhr klingelte es schon an der Haustür, Beat und Rita kamen vom Hof, sie hatten ihre Eltern schon informiert. Wir tranken noch einen Kaffee und fuhren los zu meinen Eltern. Wir klingelten, Paps machte uns die Tür auf, in der Küche hab ich ihnen gesagt, sie sollen sich an den Tisch setzen und erzählte anschliessend, dass Sina in der Nacht gestorben war. Wir blieben nicht lange, keiner hatte mehr Lust zum Reden. Diese Situationen, die der Tod vom Sina auslöste, waren fast nicht zu ertragen. Wir wussten einfach alle nicht, wie verhält man sich. Wie auch? So etwas kann man nicht erlernen, so etwas probt man in den schlechtesten Gedanken nicht, die man haben kann.

Am Nachmittag kamen meine Eltern mit meinem Gotti und Götti zu uns und wir konnten über all das Geschehene reden. Es war einfacher, auf jemanden zu stossen, der es schon wusste, als auf jemanden, den wir noch informieren mussten.

Am Tage nach dieser Sterbensnacht bekam ich viele Anrufe, einen von der Schulleitung, in der Sina zur Schule ging. Natürlich überschlugen sich die Mitteilungen auf Sinas Handy, viele hatten es schon gehört, dass Sina nicht mehr lebte. Sie wollten wissen, ob dies stimme. Ich habe die Mitteilungen gelesen, somit war ich online und die Kids waren verunsichert.

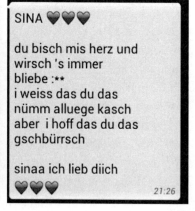

72

Sig nit so trurig ich bins zswar au aber ihre wirds sicher imm himmel .au gutgoh 21:20

Das weiss nume der herr goht 21:21

Jup 21:21

Mir händ auno s glük becho so en tolle &nette mensch z kenne lerne 21:24

15. Februar 2013

Wie gohts 22:26

Wms 22:32

Bitte schriib zrug 22:32

Bisch chrank??? 22:56

16. Februar 2013

Bitte seg nid das das stimmt dass du gschtorbe bisch 12:39

Lieb dich 18:24

15. Februar 2013

Hey 19:06

16. Februar 2013

Hey sina vermiss dich mega chum zrugg 11:44

Bitte 11:45

Ich bi am Bode ohni dii😔 11:45

ALLI vermisse doch ich hoff du hörsh eusi nachrichte fo eus das ALLI dich vermisse du bish e teil fo min herz und du wirsh es au immet sie 22:13

Du sagtes es kommt niemand an deinen grab... Das ist gelogen alle vermissen dich und ich vermisse dich mehr als alles andder . Du bleibst mein herz... Neiin du bist mein herz mein aller liebste schwestern ich vermiesse dich ich !!!!!! 🖤🖤🖤🖤🖤🖤🖤!!!! 20:20

machs guet im himmel r.i.p. 🤍

ich vermiss dich sooo sehr

73

Diese Nachrichten zu lesen, das tat so gut, ich war nicht alleine, nicht nur ich hatte sie verloren, nein, ganz viele hatten sie auch verloren. Es tat so gut und zugleich noch mehr weh, wenn ich sah, wie beliebt sie war, geliebt wurde.

Ich bat die Schulleitung auf ihre Frage, ob sie etwas für uns tun können, all die Kids zu informieren und ihnen eine Stütze zu geben. Von Anfang an habe ich mir mehr Sorgen um alle anderen gemacht, mehr als um mich selber. Der Gedanke, dass ich als Erwachsener kaum zu ertragen mag, dass die Kids es noch schwerer haben, wie sollen sie so etwas verstehen.

Heute weiss ich, Kinder sind genial, die kindliche Art macht alles viel besser und einfacher. Wir Erwachsenen haben es verloren, als wir erwachsen wurden und sollten lernen, auf unsere Kinder zu hören und von ihrer Art zu lernen.

Die Frau vom Beistandsteam hatte uns in der Nacht noch eine Pfarrerin empfohlen. Ich habe sie angerufen, über unser Schicksal berichtet und sie gefragt, ob sie uns bei Sinas Abdankung beistehen möchte. Wir haben uns sofort für ein erstes Treffen verabredet.

Den Gang auf die Gemeindeverwaltung haben wir dann später auch noch in den Angriff genommen. Wir wurden informiert, was wir noch alles erledigen müssten und dass sie uns das Datum für die Abdankung mitteilen, sobald Sina freigegeben wäre.

Um 16:30 Uhr das Telefonat vom Staatsanwalt, Sina sei ohne menschliches Versagen gestorben, Genaueres sei noch nicht bekannt. Die Untersuchungen liefen auf Hochtouren, doch es würde 6 bis 8 Wochen dauern, bis wir den Bericht vorliegen hätten.

Sina wurde freigegeben, die Abdankung wurde auf Donnerstag, den 21. Februar festgelegt.

Die nächsten Tage hatten wir viele Besuche, mir tat dies gut, für meine Familie wurde es doch etwas anstrengend. Wir hatten Termine, die nicht ganz so einfach zu planen waren, denn es war Fasnacht und einige Geschäfte hatten geschlossen oder nur am Morgen offen. Wir planten die Beerdigung. Ganz klar, Sina wäre gern ein Star gewesen, an diesem Tag sollte sie einer sein. Ein wunderschöner Engel, dem wir alle unsere letzte Ehre erweisen.

Mir schwebte vor, eine Diashow vorzuführen. Ich wollte doch allen zeigen, was mir genommen wurde, zeigen, wie niedlich und später schön sie war. Ich wollte, dass alle sich an ihr Lächeln erinnerten. Mir wurde einer meiner grössten Schätze genommen und jeder, der an ihrer Abdankung teilnahm, sollte diesen Schatz genau kennenlernen und wissen und fühlen, wer von uns gegangen ist.

Die Diashow haben wir mit einem Kollegen, der sich mit dieser Materie bestens auskennt, zusammengestellt. Er half uns nach der Arbeit an den kommenden Abenden. Bis in die Nacht bearbeiteten wir die schönen Fotos von Sina.

In der Nacht von Sonntag auf Montag konnte ich wie immer nicht schlafen. Ich habe mich im Gästezimmer aufs Bett gelegt, damit Dani in Ruhe schlafen konnte, denn ich wälzte mich hin und her. Es war 4 Uhr, ich weiss das so genau, weil ich in der Ferne den Morgenstreich hörte. Ich lag in Trance, Sina erschien, mir war kalt, sie wollte sich gerade über mich legen, ich hob die Decke an, um sie zu wärmen, denn auch sie fühlte sich so kalt an. In diesem Moment kam ich zu mir und sie war weg. Verzweifelt versuchte ich noch mal, in eine Trance zu fallen, natürlich ging das nicht mehr. Ich glaube heute noch, sie war gekommen, um sich von mir zu verabschieden. Es hat sich so echt angefühlt.

Meine Sina hat so manches Geheimnis mitgenommen,

zum Beispiel, wo sie ihr Fotoalbum versteckt hat. Ich habe es bis heute noch nicht gefunden.

Zum Glück sind unsere Babys, Kinderchen so süss und wir Eltern halten die schönen Momente gleich immer auf mehreren Fotos fest.

An den kommenden Tagen habe ich alles vorbereitet, die vielen Fotos von Sina habe ich alle einzeln auf unserem PC eingelesen. Ich musste mit Hilfe von Dani jedes Foto, auf dem Sina noch klein war, scannen und abspeichern. Die Lieder, die abgespielt werden sollten während der Beerdigung, habe ich von Sinas Handy. Ich konnte davon ausgehen, dass dies ihre Lieblingslieder waren, denn bei einem Teenie immer auf dem neuesten Stand zu sein, gelingt nur mit höchster Anstrengung und eigentlich entwickeln sie ihr eigenes Leben, und dies sollte auch so sein.

Unser Kollege brannte eine CD von den Bildern, begleitet von ihren Liedern auf ihrem Handy.

Auf der CD Front-Ansicht klebte ein Bild, ja, ihr wunderschönes Bild. Wisst ihr noch? Dieses Bild auf meinem Buchumschlag. Diese CD ist so schön geworden, danke, Dani und danke, Alex. Alex musste in dieser Zeit alleine auf ihr Baby aufpassen, denn sie waren doch selber Eltern seit einiger Zeit. .

Für Sinas Todesanzeige in der Zeitung suchten wir den Spruch aus: »Dein Lachen, dein stets fröhliches Gemüt. Wir haben dich so sehr geliebt. Nur kurze Zeit hast du für uns geblüht. Doch unsere Hoffnung und Liebe bleiben unbesiegt.«

Am Tage der Liebe hast du uns unerwartet und viel zu früh verlassen. Wir sind dir dankbar für die vielen schönen Stunden, die wir mit dir verbringen durften. In unseren Herzen, Gedanken und Worten wirst du lebendig bleiben und uns stets begleiten.

Liebes, seit zwei Jahren kämpfe ich, ich arbeite jeden Tag an mir, ich möchte dir sagen, ich liebe dich und vermisse dich wie niemanden, denn jeder, den ich liebe, ist bei mir geblieben. Warum du nicht?

Beim Leichenbestatter hatten wir den Termin, um Sinas Sarg auszusuchen. Es war klar, einen weissen Kindersarg. Dieser war weiss, ganz schlicht, richtig passend zu unserer Tochter. Sina brauchte einen Sarg für Erwachsene, sie war mit ihren 12 Jahren schon so gross. Sinas Grabschmuck mit der Deko in der Turnhalle besorgten wir uns im Blumengeschäft, demselben, von dem ich immer von meinem Schatz meine Sträusse bekomme. Ja, Deko in der Turnhalle, denn meine Mutter rief mich an und meinte:»Petra, es werden so viele Leute zu Sinas Beerdigung kommen, ihr habt keinen Platz in der Kapelle.« Ich hatte doch nicht an dies gedacht. Natürlich hatte sie Recht. Es wurde sofort umgeplant, nur: es war Fasnacht. Unsere Fasnachtsgesellschaft hatte unsere Turnhalle belegt. Es konnte organisiert werden, dass die Fasnächtler alles am Donnerstagmorgen noch abbauten, aufräumten und noch geputzt wurde.

Wir beschlossen, dass die Blumenbouquets in weiss mit wenig verzierenden blauen Blümchen sein sollten.

Danach holten wir den Totenschein auf dem Zivilstandesamt.

Beat, Rita, Dani und ich bildeten ein richtig gutes Team, funktionierten diese Tage bis zu Sinas Beerdigung. Vielen Dank an meine Lieben, denn ich wurde immer gefragt und am Schluss durfte ich entschieden, wie alles aussehen durfte.

Wir assen all die Tage sehr wenig, niemand hatte richtig Hunger. In den 6 Tagen bis zur Beerdigung habe ich etwa 5 kg abgenommen. Trotzdem mussten wir zu Kräften kommen, ohne Nahrung funktionierte auch der Schockzustand nicht. Weil überall Fasnacht war, zogen wir uns auf einen Aussichtspunkt ganz in der Nähe zurück, ein Bergrestaurant weit weg vom Trubel. Wir wurden so herzlich empfangen, es sind Kollegen von Beat und Rita, auch sie kannten Sina. Es war so oft ein Sonntags-Ausflugsziel von Sina und Mike mit ihrem Pa.

Jeden Tag quoll unser Briefkasten fast über, die Anteilnahme war gross. Wunderschöne Trauerkarten, so viele liebe Verse und warme Worte wurden uns geschrieben. Jede einzelne habe ich aufbewahrt und wenn ich heute noch darin lese, weine ich vor mich hin.

Der Bestatter hatte uns angerufen, er würde Sina am Dienstag auf dem IRM abholen und sie später in das zugeteilte Leichenschauhaus bringen. Wir könnten dann zu ihr, der Raum wäre verschlossen. Beat wohnt in der Nähe vom Friedhof, wir richteten ihm aus, er könne den Schlüssel bei ihm im Briefkasten deponieren.

Wir hatten uns schon abgesprochen, dass wir alle einmal zu ihr gehen und die engsten Familienmitglieder mitkommen dürfen. Am Dienstagabend entdeckte ich eine Mitteilung auf dem Telefonbeantworter vom Bestatter. Er wollte uns mitteilen, dass Sina den zweiten Raum, wenn man vom Haupteingang hineinkommt, bekommen hat. Sie hätten ihr das Kleid angezogen, seine Frau hätte ihr noch Strümpfe gegeben, doch wir müssten mal schauen, ob wir ihr noch gerne ein Jäckchen überziehen möchten. Wir können uns bei ihm melden, wenn wir Hilfe bräuchten.

Ich sprang sofort hoch, es musste doch jemand zu unserer Kleinen schauen. Ich gab Beat Bescheid, doch er wollte lieber erst am Mittwoch, wenn wir uns alle verabredet hatten, zu ihr. Dani bot sich sofort an, mit mir mitzukommen. Sofort eilten wir mit einer weissen, flauschigen Wolldecke und Sinas ersten Stöckelschuhen, die sie sich selber geleistet hatte, davon. Wir standen vor der Tür, leise drehten wir den Schlüssel, öffneten die Tür, ich sah eine Öffnung in einem viereckigen Kasten, da musste sie drin liegen. Ich eilte ganz hastig zu ihr, schaute hinunter, da lag sie. Auf weisse Seide gebettet, das wunderschöne Kleid an, die Strümpfchen an den Beinen überdeckten ein mit Kugelschreiber von Sina gemaltes Herz auf ihrem Knie, es schimmerte nicht übersehbar durch. Die Haare nach hinten gekämmt, von ihren aufgesprungenen Lippen konnte man nicht mehr viel sehen. Einfach schön, sie war für mich in dem Moment der schönste Engel. Vor diesem Anblick meiner Tochter hatte ich noch nie einen Engel gesehen, doch so muss er aussehen. Im Raum war es sehr kalt, man hörte leise den Motor der Kühlanlage, es roch stark nach Desinfektionsmittel. Trotzdem, bei diesem Anblick nahm ich nichts von alldem wahr, ich hatte das Gefühl, mit ihrem Anblick wurde dieser ganze Raum angenehm warm, ich erinnerte mich an ihren Duft. Es war einfach wunderschön, bei ihr zu sein. Wir zogen ihr ihre Schuhe an, ganz vorsichtig, damit wir ihr nichts brechen. Unsere Kleine, unser Nesthäkchen sah aus, als würde sie zum Schulball gehen, es wäre ihr erster gewesen im kommenden Sommer, auf den sie sich so gefreut hatte und der schon ein Thema mit ihren Freundinnen war.

Bevor wir uns wieder auf den Heimweg machten, legten wir die weisse, flauschige Decke über sie, sie sollte es schön warm haben. Wir behandelten sie wie eine lebendige, schlafende Sina. Es durfte nicht sein, dass sie tot ist.

Jeden Tag habe ich mir Zeit genommen, Sinas Sachen zu ordnen. Ich machte mir einen, wie ich ihn nannte, Lebeordner. Alles, was sie im Zimmer herumliegen hatte, tat ich in ein Plastikmäppli. Es waren auch die Sachen dabei, die sie zuletzt in ihren Händen hielt, zuletzt geschrieben und gezeichnet hatte. Das letzte Teenager Magazin, das sie sich am Zeitungskiosk von ihrem Taschengeld gekauft hatte. An ihrer Pinnwand hing das Halsband ihrer verstorbenen Katze, sie redete oft, wenn sie traurig war, zu ihr und sah dabei in den Himmel. Als Luci starb, tröstete ich sie, wir haben uns gemeinsam am Abend im Garten auf einen grossen Stein gesetzt. Sie suchte sich den schönsten, hell leuchtenden Stern aus am Himmel. Wir setzten symbolisch den Luci auf ihn und freuten uns, dass wir ihn jetzt jeden Abend ansehen konnten und später haben wir mit Nici das gleiche getan.

Sina glaubte an diese Geschichte. Es half ihr, wenn sie wusste, wo ihre Katzen hingegangen sind.

Eines Tages musste Gotti Caco ihre Katze einschläfern, Sina war gerade bei ihr auf Besuch. Gemeinsam fuhren sie zum Tierarzt. Als sie wieder nach Hause kamen und Gotti Caco die leere Katzenkiste sah, liefen ihr die Tränen über ihre Wangen. Sina sagte:»Aber Gotti Caco, du musst doch nicht weinen, denn mach es wie Mami und ich, setze deine Katze auf einen Stern und du kannst sie jeden Abend sehen.«

Caco konnte nicht mehr weinen, sie schmunzelte, die Erklärung von Sina klang so logisch in einer Leichtigkeit auf ihre fröhliche Art.

Wenn ich in der Nacht nicht schlafen kann, schaue ich in den Himmel zu den Sternen und erinnere mich an diese köstliche Geschichte.

Ich fand auch ein Heft, in dem sie Briefe an ihre Katzen schrieb. Sie schrieb:»Luci, du warst eine tolle Katze, warum, warum bist du von mir gegangen? Ich vermisse dich, warum? Ich werde dich nie vergessen.« Auf der nächsten Seite steht:»Ich vermisse dich sehr. Ich hoffe, dass es dir gut geht. Ich hoffe, dass du viele Freunde gefunden hast. Du hast mich immer getröstet, ich habe dir meine Geheimnisse erzählt. Du hast sie nie verplappert. Ich konnte immer auf dich zählen. Wieso bist du fortgegangen? Ich vermisse dich.«

Ein weiterer Brief:»Luci, du warst sehr unruhig, aber dies liebte ich an dir. Ich bin mit dir durch dick und dünn gegangen. Du hast viel»Seich« gemacht. Es war eine tolle Zeit mit dir. Du liegst mir sehr am Herzen. Ich hoffe, es geht dir gut.«

Weiter:»Luci, ich habe in der Zwischenzeit viel erlebt. Ich habe eine neue Katze. Sie ist genauso wie du, sie erinnert mich an dich. Ich vermisse dich.«

Nun sind sie wieder vereint, auch die zwei, Luci und Nici, durften nicht alt werden. Luci und Nici sind das Liebste, was Sina hatte, wie sie für mich, wie oft habe ich mich gefragt: warum DU?

Eine Weihnachtskarte vom Götti von Timm und seiner Lebenspartnerin hing an der Pinnwand. Vielleicht gefiel ihr das Bild oder es war Wertschätzung, denn für Sina war es nicht selbstverständlich, dass die zwei ihr etwas zu Weihnachten gaben.

Als sie etwa 7 Jahre alt war, sassen wir bei meinen Eltern am Tisch, es war Weihnachten. Plötzlich kam jemand auf die Idee, die Kids am Tisch zu fragen:»Was bedeutet für euch Weihnachten?« Sina in ihrer natürlichen Selbstverständlichkeit:»Natürlich, dass wir alle beisammen sind.«

Ich fand lustige Passfotos, Sina mit ihren Freundinnen, aus einem Automaten.

Papierfetzen, mit Herzen bemalt, die vielen Farben, die sie gewählt hatte, strahlen fröhliche Glücklichkeit aus. Darauf stand»for ever«, Zettel mit»ich liebe dich Justin«. In der Zeit, als sie krank war, zeichnete sie noch einen Engel.

Auf dem Gartentisch hinter dem Haus standen Caramell-köpfli, die sie in der letzten Woche gemacht hat. Sie standen sicher einen Monat dort. Wie sie dann aussahen, erspare ich euch, ich musste sie kübeln.

Ihre Babysachen holte ich vom Estrich. Ich legte alles, was ich fand, bei ihr im Zimmer aufs Pult. So beschäftigte ich mich all die Tage, nebst vielen lieben Besuchen, netten Telefonaten und den vielen Pflichten, die auf einen zukommen, wenn jemand stirbt.

Dani hat mir sehr viel Administratives abgenommen, denn ich wollte alle Akten von Sina bei mir haben. So schrieb er mit Sinas Ärzten oder machte einige Telefonate.

Termine mussten abgesagt werden, wie der beim Kieferorthopädien, denn Sina trug eine Spange. Wir verbrachten viel Zeit für diese Spange zusammen. Diese hätte ich lieber mit Sina beim Shoppen oder im Schwimmbad verbracht, es war so nutzlos.

Dani meinte:»Sieh es anders, sie wäre die erste gewesen, hätte sie mit zwanzig schiefe Zähnen gehabt, die dir dann Vorwürfe gemacht hätte.«

Im Gesicht war ich eingefallen, die Augen aufgeschwollen, Augenringe darunter, meine Haare haben nur noch genervt. Ich beschloss, am Morgen vor der Beerdigung zum Coiffeur zu gehen, meldete mich auch gerade an. Ich hatte nämlich Angst vor dem Warten, Angst, wie ich dies überstehen werde, Angst davor, sie nie mehr sehen zu können. Meine Idee mit dem Coiffeur gefiel mir, ich war beschäftigt, hatte eine Aufgabe.

Am Schluss von all den Tagen hatten wir uns ja noch mit den Nächsten von Sina verabredet, sie noch einmal zu besuchen, anzuschauen. Einmal konnten wir sie noch sehen, danach würde uns ihr Anblick für immer einfach so gestrichen. Zum Glück trage ich sie heute tief in meinem Herzen und ich darf sie sehen, wann immer ich will. Doch bis dies geht, es einem auf diese Weise gelingt, braucht es seine Zeit. Das kann man sich auch nur ganz schwer vorstellen, denn ich hätte es vorher auch nicht gekonnt.

Alle waren wir vor dem Totenhäuschen versammelt. Ich wollte mit Dani zuerst hinein, wollte sehen, ob alles okay war, die Decke zurückschlagen, mit der wir sie zugedeckt hatten, alle mussten sehen können, wie schön sie war.

Meine Eltern hatten die Frau Pfarrer aus ihrer Gemeinde dabei, sie begleitete meine Eltern schon diese Woche hindurch und hielt mit uns eine kleine Rede, sie betete mit uns für Sina. Eine sehr nette Geste von ihr, herzlichen Dank, ich wusste meine Eltern in guten Händen, das beruhigte mich.

Ich hatte große Bedenken wegen meiner Eltern, denn ich möchte nicht eine Tochter haben, die ihre Tochter verliert, über so ein Schicksal hinwegkommen muss, es aushalten muss und verarbeiten. Eltern leiden, wenn ihre Kinder leiden.

Zum Teil übernahm ich das Trösten der Trauernden, machte mir Sorgen und hatte Ängste. Typisch Petra, ja nicht sich mit sich selber auseinandersetzen, immer schön eine andere Aufgabe suchen, sich ablenken. Ich sage immer, für mich wäre es einfacher zu ertragen, wenn ich zum Beispiel einen Menschen im Strassengraben liegen sehe, welcher das Bein gebrochen hat, dass ich an seiner Stelle da läge.

Ich kann es einfach nicht ertragen, wenn jemand leidet, ich vergesse mich gerne dabei, laste das Leid lieber mir auf.

Mika, der Sohn meiner Schwester, das Gotti von Sina, stand vor Sinas Sarg. Mika schaut sie ganz lange an und meinte zu seiner Mami:»Ich möchte auch einmal so ein schönes Bett haben.« Meine Schwester meinte:»Natürlich, doch du wirst hoffentlich noch sehr lange darauf warten müssen.«

Sina hatte ihr Gotti in das »Jungschi-Lager« im Herbst ein Jahr zuvor begleitet. Mika sang ihr mit seiner Mami ein Lied vor, welches sie immer im Lager gesungen hatten. Welch schönen Abschied hatte Mika von seiner Cousine. Mika war 7 Jahre, wie schön konnte er den Abschied gestalten, halt eben wie es Kinder können, da Kinder die Gabe haben, mit Kinderaugen zu sehen.

Die Tochter von Rita konnte mit in den Raum, doch sie schaffte den Weg bis zum Anblick von Sina nicht. Sie war schon aus dem Kinderschutzalter herausgewachsen. Wir haben auf sie eingeredet, Sina wäre so stolz, wenn sie den Weg zurücklegen würde. Sie hat es getan, Sina ist sehr stolz auf sie. Liebes, deine Schicksale in deinem noch so jungen

Leben überschlagen sich, nimm sie an, lerne daraus und meistere sie. Wärst du nicht stark genug dazu, hättest du diese Aufgaben nicht bekommen. Jeden Tag tragen wir unseren Rucksack, wir zwei und noch ganz viele auf dieser Erde. Diese Botschaft widme ich dir, sie kommt aus der Esoterik, doch das gibt ein eigenes Kapitel.

Rita legte die Musikdose in Sinas Sarg, einen Mond, mit dem Sina schlief, wenn sie bei Pa das Wochenende verbrachte. Dani übergab ihr den Pingu, er brachte ihn aus Prag mit, als er auf Geschäftsreise war. Dieser Pingu begleitete uns auch beim Besuch auf der Notfallstation, war ihr ständiger Begleiter. Sina hatte sich selber in Grächen einmal einen Panda aus Plüsch gekauft. Sie wollte ihm einen Namen geben. Unsere Vorschläge waren Pandi, Knufel, Knudel, Nico und noch viele Namen mehr.

Sina nannte ihn Schingi. Woher kam dieser Name, um Himmelswillen? Wie kam sie auf diesen Namen? Dies war Sina live, wir mussten nicht immer alles verstehen.

Schingi war Pingus Vorgänger und schläft seit dem Tod von Sina bei ihrem Bruder Mike. So unter uns gesagt, gefällt es ihm nur bedingt bei Mike, denn seit Mike eine Freundin hat, muss Schingi unter dem Bett schlafen.

Nachdem wir uns alle verabschiedet hatten, deckten Dani und ich sie wieder mit der weissen, flauschigen Decke zu. Nun waren wir bereit, Sina unserer Erde zu übergeben.

Die Traurigkeit im Gesicht erkennbar verabschiedeten wir uns. In unseren Gedanken haben wir den Anblick von dem Engel, den wir gerade gesehen hatten, eingeprägt. Unsere anderen Kids, Mike, Timm und Jana waren nicht dabei, sie verabschiedeten sich in Sinas Todesnacht von ihr. Es gab auch jene, die Sina lebendig in Erinnerung behalten mochten. Nun war alles organisiert, bereit für den nächsten Tag.

Der Tag der Abdankung

Ich blieb so lange, wie ich konnte, im Bett liegen, die Nacht hatte ich mir am Küchentisch um die Ohren geschlagen. In den Nächten am Küchentisch habe ich aus tiefstem Herzen um meine Tochter geweint, mir Fotos von ihr angesehen, die Trauerkarten immer wieder durchgelesen. Wenn mir alles weh tat vom Herumsitzen, dann bin ich wieder ins Bett, legte mich hin und starrte ins Dunkle, bis ich vielleicht einen Moment einschlafen konnte. Um 11 Uhr konnte ich dann endlich zu meinem Termin beim Friseur, ich sass auf dem Stuhl und genoss diese Zeit. Ich weiss nicht mehr, um welche Zeit ich wieder zu Hause ankam. Ich habe mich sofort umgezogen, eine schwarze, uralte Hose, doch die passte mir noch einigermassen. Ein schwarzes Langarm-Sweatshirt, darüber ein schwarzes, gehäkeltes Jäckchen. Zum Schluss, als es dann Zeit war, noch den schwarzen Wintermantel darüber, denn es war eisig kalt draussen. Wir setzten uns mit unseren beiden Jungs in die Küche, die Ersten trafen schon ein, denn mit unseren Angehörigen hatten wir uns bei uns zu Hause verabredet.

Kollegen von Mike und Timm kamen auch zu uns, gut für etwas Ablenkung der beiden. Unsere Jungs konnten viel besser mit dem Verlust von Sina umgehen. Sie sind auch an die Fasnacht gegangen, sie konnten sich ablenken lassen, dies gelang ihnen sehr gut. Kids nehmen einfach Dinge, die die Erwachsenen fast nicht ertragen, viel leichter. Ich finde, dies ist sehr gut organisiert von uns Geschöpfen, denn der Ernst des Lebens kommt oftmals früh genug.

Sie hatten auch ein schlechtes Gewissen, wenn sie in den

Ausgang gehen wollten, doch wir habe es ihnen genommen. Wir fanden, sie hatten Recht und sollten es geniessen. Wir wollten, dass sie leben. Bei uns zu Hause war es ohnehin ruhig geworden. Dani und ich gezeichnet von der Trauer, unser Plappermaul war nicht mehr da und zum Streiten fehlte jedem die Lust und Kraft.

Wir liefen alle gemeinsam um 14:15 Uhr bei uns los, um pünktlich auf dem Friedhof zu sein. Es hatte so viele Leute, ich nahm nicht alle wahr. Es hatten auch nicht alle auf dem Friedhof Platz.

Ich stand vor Sinas Sarg, weiss, schlicht und mit einem wunderschönen Bouquet dekoriert, von zwei Balken gestützt über der Grube. Die Frau Pfarrer und die Familienangehörigen standen bei mir. Die Frau Pfarrer musste die Tage zuvor auf den Notfall, auf die Notfallstation, die Sina und ich besuchten. Die bevorstehende Beerdigung von Sina und der Tod eines so jungen Menschen hatten sie mitgenommen. Ich denke, wenn ein Kind stirbt, hilft es, glaube ich, auch nicht, wenn man Erfahrung hat, es ist einfach so ein trauriges Schicksal.

Sie fühlte sich nicht wohl, hatte ein Stechen und Ziehen im Arm, auf der Seite des Herzens. Ihre Kinder meinten, sie müsse es zeigen, dies tat sie auch. Auf dem Notfall erwähnte sie, sie wäre die Frau Pfarrer, die Sinas Abdankungsrede abhalte. Sie müssten sich schon etwas Mühe geben mit ihr.

Sie erzählte uns zuvor die Geschichte so warmherzig, überhaupt ist sie eine ganz tolle Frau und es hätte für Sinas Tag keine bessere Wahl gegeben.

Auf der anderen Seite, gegenüber von mir, sah ich die Schüler und Schülerinnen mit Sinas Lehrerin. In den Ferien hatten sie sich getroffen und zusammen Briefchen für Sina geschrieben, diese haben sie an eine Rose gebunden und Sina übergeben.

Vom 25.2. bis 1.3.13 wäre Sina mit ihrer Klasse in ein Skilager nach St. Stephan gefahren. Dies war der erste Tag nach den Schulferien, die Kinder fuhren erst am Dienstag, denn von der Schulleitung wurde am Montag ein Besuch vom Psychologischen Dienst veranlasst. Während der Ferien wurden auch die Eltern der betroffenen Kinder über Sinas Tod informiert. Ich fand dies sehr gut, denn Kids in diesem Alter gehen nicht immer sofort, wenn sie Kummer haben, zu ihren Eltern. So hatten die Eltern die Chance, ihren Kindern beizustehen.

Man sah harte Rocker von Beats Band, die Sina so oft zu Konzerte begleitete, mit Tränen in den Augen, Kollegen von Beat und mir, als wir noch keine Kinder hatten, Kollegen von Dani und mir, Beat und Rita aus der heutigen Zeit. Alle unsere Arbeitskollegen, Freunde unserer Kinder, viele Teilnehmer aus dem Dorf, Irena, die Schwester aus dem Notfall, sie war eine der Letzten, die Sina kennen lernte und lebend sah. Ich stand einfach da, die Tränen netzten mein ganzes Gesicht. Es war so kalt, doch dies war genau richtig, denn ich hätte bei diesem Anlass auch keine Wärme, keine Sonne geschickt, wer auch immer fürs Wetter verantwortlich war.

Nach dem Ausklingen des letzten Glockenschlags begann die Frau Pfarrer mit der Grabrede. Einige der letzten Worte waren: »Von Staub zu Staub«, ich war nichts mehr, ein Niemand, ein Teil von mir war einfach weggeblasen, ausgelöscht, nicht mehr da.

Ihr Sarg wurde in die Grube gelassen. Alle verabschiedeten sich von Sina, warfen ihre Gaben zu ihr in das Grab. Anschliessend kamen viele zu unserer Familie, um zu kondolieren. Es war bitterkalt, ich schlotterte am ganzen Körper.

Wir mussten weiter, in der Turnhalle, nur 5 Minuten zu gehen, fand die Abdankungsrede statt. Beim Eintreffen in der Turnhalle ertönte Musik, Gotthard »And then Goodbye«, eine der Lieblings-Bands von Sina, aber auch von mir und Rita. Rita fand dies auf YouTube. Speziell ist, dass genau ein Jahr vorher, auf den Tag genau, dieses Lied auf dieser Plattform veröffentlicht wurde. Ein wunderschöner Song. Ich schlotterte vor Kälte am ganzen Leib, meine Kräfte hielten sich noch in Grenzen, es ging gerade noch so. In der vordersten Reihe hatte es noch Platz, er wurde frei gelassen für uns Angehörige.

Die ganze Turnhalle war voll, alle Plätze besetzt. Mir wurde erzählt, es gab Besucher, die auf den Turnbänken am Rand entlang sassen und dass viele Leute, die gar keinen Platz hatten, stehen mussten. Ich nahm das alles nicht mehr wahr.

Auf jedem Stuhl lag ein Songtext-Blatt mit den Liedern, die wir gemeinsam später sangen. Auf der Vorderseite eine Kopie von Sinas geschriebenem Spruch.

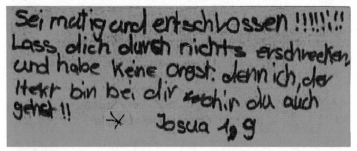

Verziert mit ihren lustigen Vögeln.

Ich fand ihn in ihrem Portemonnaie, sie trug ihn immer bei sich.

Auf dem Rednerpult von Frau Pfarrer brannte die Taufkerze von Sinas Taufe. Ich hatte sie auf dem Estrich bei ihren Babysachen gefunden. Die Hitze auf dem Dachboden im Sommer hatte sie etwas verbogen, wir konnten sie aber wieder gerade biegen.

Ein Band-Kollege von Pa baute zuvor sein Keyboard auf einem Ständer auf mit einem Mikrofon daneben. Auf der anderen Seite eine grosse Leinwand. Ein wunderschönes Bouquet, in Weiss und mit wenigen blauen Blümchen verziert, stand neben dem Rednerpult.

Frau Pfarrer sagte ein paar Worte, dann wurde die Diashow gestartet, begleitet von den Songs, die Sina auf ihrem Handy gespeichert hatte, die Bilder, die wir nächtelang auf den PC einlasen, alle von Dany Gyger und seinem Helfer zusammengeschnitten.

Wunderwunderschön, ein grosses Werk, von uns erstellt mit einem grossen Darsteller, meiner Tochter, in dieser Show, von dem wir Abschied nahmen an diesem Tag.

Jeder kannte ihr Lachen, jeder konnte sehen, wie süss sie als Baby und Kleinkind war, jeder wusste, wie schön sie als kleine, junge Lady die Welt, das irdische Dasein verliess am Ende dieser Show, sie war ein Star.

Am Ende der Bilder blieb ihr Bild, ihr wisst welches, stehen und beim letzten Klang der Musik setzte Reto mit seinem Keyboard ein. Eine Sängerin stand vor dem Mikrofon, sie kannte Sina nicht, sie hatte sie soeben auf den Fotos kennen gelernt. Sie schluckte ihre Tränen herunter, fing an sich zu konzentrieren und sang den Song »The Rose« von Bette Midler, begleitet von Reto auf dem Keyboard.

Diesen Teil der Abdankung hatte Sinas Pa organisiert. Er ging durch Mark und Bein.

Im Kopf die soeben gesehenen Bilder, diese Frau, die Sina nicht einmal kannte, zu Tränen gerührt, dieser wunderschöne Song.

Auf der rechten Seite von mir sassen unsere Kids, ich kontrollierte sie immer wieder mit meinen Blicken, konnten sie dies alles ertragen?

Dahinter die Lehrerin mit den Schülern. Ich vernahm immer wieder ein Weinen von Sinas Gspändli. Es wurden immer wieder Nasen geputzt.

Frau Pfarrer macht weiter mit ihrer Rede. In den Tagen zuvor redeten wir bei uns zu Hause über unsere Einstellung und unseren Glauben an Gott. Ich fragte sie, ob Er mir meine Tochter weggenommen hat. Frau Pfarrer antwortete schnell, dieser Gott, an den sie glaubt und dem sie dient, der mache so etwas nicht. Denn wenn dies so wäre, würde sie dem Falschen dienen.

Ihre Rede gefiel mir, am Schluss liess sie alles im Raum stehen mit den Worten: »Gibt es denn Gott wirklich?«

Für mich, für uns ein passender Satz. Frau Pfarrer konnte uns in unseren Gesprächen gut fühlen, dies hat sie perfekt umgesetzt. Sina glaubte an Gott, den Religionsunterricht hat sie gerne besucht und gut, aufmerksam mitgemacht. Bei ihrer Religions- und Handarbeitslehrerin, noch in der Zeit, als sie die Primarschule besuchte, schrieb Sina diesen Vers: »Sei mutig und entschlossen! Lass dich durch nichts erschrecken und habe keine Angst: denn ich, der Herr bin bei dir, wohin du auch gehst!«

An diesem Abend, sie drehte ihr Gesicht zu mir, wusste, wo sie war, erkannte mich, denn sie sprach: »Mami, ich sterbe.« Ihr Gesicht war lieblich, so wie immer, kein Verzerren, keine Runzeln. Ihre Stimme klang bedacht, sanft und leise, kein Zittern, keine Angst. Sie war entschlossen, unerschrocken und ohne Angst. Genau so hat sie uns verlassen und gab uns keine Chance zur Wiederkehr.

Dieser Vers passte zu ihr zu Lebzeiten, sogar zu ihrem Tod, den konnte wirklich nur sie für sich wählen.

Zum Schluss ertönte wieder ein Lied von Gotthard, »Where are You«, vom neuen Sänger gesungen, gewidmet Steve Lee, der am 6.10.2010 bei einem Unfall ums Leben kam.

Mir wurde noch von vielen, die noch nicht die Gelegenheit hatten, kondoliert. Ich konnte endlich jedes Einzelne der Kinder in die Arme nehmen, die mit mir und all den anderen von Sina Abschied genommen hatten.

Mit ein Grund für eine öffentliche Beerdigung mit so vielen Besuchern war, dass all die Kinder sich von Sina verabschieden konnten. Sie sollten die Gelegenheit haben, dieses Ereignis zu verarbeiten, denn so vieles wird noch im Leben auf sie zukommen, schöne und unschöne Dinge.

Denkt immer daran, eine von euch hat mir, obwohl sie Sina nicht richtig gekannt hatte, auf einem Zettel geschrieben: »Gerade du, du hast das Leben so geliebt.«

Ein schöner Vorsatz und dies wünsche ich euch allen. Anschliessend traf sich die Familie bei meinem Bruder, Sinas Götti Steffi. Er führte zu dieser Zeit ein eigenes Restaurant. Nach dem Tod von Sina gab er es auf, es ergab keinen Sinn mehr. Nie hatte er Zeit, nie konnte er sich Zeit nehmen für Sina. An ihren Geburtstagen hatte er meist Betriebsferien und war verreist.

Dazu muss ich sagen, ob er in Kanada oder sonstwo gerade in der Welt war. Telefonisch gratulierte er Sina immer und sie hatte einen riesengrossen Stolz, dass ihr Götti von so weit weg ihr gratulierte.

Die Zeit für Familie, Freunde, sie fehlte einfach, denn er musste immer präsent sein. Obwohl Sina ihren Götti manchmal nur zwei Mal im Jahr sah, liebte sie ihn. Wenn sie von ihm sprach, blühte sie auf, eine verborgene Verbundenheit. Traf Sina auf ihr Götti, war sie immer etwas verlegen. In der Nacht, als Sina starb, hatte ihr Götti eine Krise. Babs, seine Frau, musste Hilfe holen, er hatte ein Problem mit den Religionen, Steffi beschäftigt sich mit allem auf dieser Welt. Bei ihm im Kopf stimmte so einiges nicht mehr, Barbara liess den Pfarrer kommen. Zufall oder ist dies, was Sina ihren Götti immer lieben liess, etwas, was wir nicht verstehen.

Gemütlich sassen wir zusammen, assen eine Kleinigkeit und liessen diesen Tag ausklingen.

Was nun?

Sina war gestorben, wir hatten sie verabschiedet und beerdigt. Mein Schockzustand verabschiedete sich nach dem Tag der Beerdigung. Ich hatte kein Adrenalin, das mich vorantrieb, keine Aufgabe, die mir einen Sinn gab nach Sinas Tod, denn wir hatten sie beerdigt. Die Aufgaben, die wir nach ihrem Tod erledigen mussten, aufgezwungen bekamen, waren vollbracht.

In unserem Briefkasten fanden wir nur noch vereinzelte Beileidskarten. Jeden Tag wurden die Besuche weniger oder blieben auch aus.

Wir Hinterbliebenen hatten uns. Vom 14. Februar 2013, dem Todestag von Sina, bis 21. Februar 2013 stand unsere Welt auf dem Kopf. Wir funktionierten, haben erledigt, was getan werde musste.

In dieser Zeit habe ich nicht verstanden, wollte nicht begreifen, was geschehen ist. Nur eines war mir wichtig, meine Sina sollte an dem Tag, an dem sie beerdigt wird, ein Star sein und dies ist uns auch gelungen.

Nur jetzt! Es wurde so still. Es musste weiter gehen, nur wie? Ich habe die letzten Tage so oft geweint, Tag und Nacht, wenn ich nicht gerade eine Aufgabe hatte, sind mir die Tränen über beide Backen herunter gekollert. Jetzt sitze ich da, meine Sina sehe ich nie mehr, sie kommt nicht zurück zu mir.

Alle Aufgaben, die ein Tod mit sich bringt, sind erledigt. Es ist still um mich, Dunkelheit und Leere verspüre ich, das einzige, was ich noch wahrnehme.

Zwei Wochen nach dem Tod meiner Tochter wünschte

ich mir nur einen Moment, in dem ich nicht weine, einen Moment Pause von der Trauer.

Es ist so anstrengend, es tut so sehr weh, ich habe das Gefühl, ich kann nicht mehr, meine Kräfte sind weg, meine Kräfte aufgebraucht, dieses Gefühl, ich kann nicht mehr. Ich möchte ja nur einen kleinen Moment Pause.

Natürlich geht es nicht, natürlich wird einem sehr schnell klar, dass eine Pause nicht möglich ist. Es wird einem sehr schnell klar, entweder schaffe ich es oder ich stecke den Kopf wie ein Vogel Strauss in den Sand. Eigentlich ist es ein kurzer Moment, in dem es sich entscheidet, welche Richtung gehe ich auf meinem Weg. Es ist mir auch sehr schnell klar geworden, einen Weg werde ich gehen, doch welchen, denn in mir war immer noch alles leer, kalt und dunkel.

Nur die Variante vom Vogel Strauss passt nicht zu mir. Zudem gibt es noch meinen Lebenspartner Dani, Mike und Timm in unserem Haushalt lebend, die ich natürlich genau wie Sina liebe und die mein Leben bereichern. Jana, die nicht bei uns lebt, aber einen grossen Stellenwert in meinem Leben hat.

Ich kann nicht Vogel Strauss spielen, ich kann den Kopf nicht in den Sand stecken. Ich werde von meinen Lieben gebraucht und ich brauche sie. Doch wie finde ich einen Weg?

Wie überlebe ich diese Sehnsucht nach meiner Sina? Wieso ist mein Leben so grausam? Was habe ich Böses getan, dass mein Leben mir so übel mitspielt? Wieso wird mir Sina genommen? Wieso muss jemand aus unserer Familie sterben? Wieso passiert mir dies?

Die Gedanken, die ich hatte, mit diesen musste ich zuerst einmal zurechtkommen. Ganz ehrlich wusste ich, kannte ich es nicht, dass meine Gedanken plötzlich machen, was sie wollen. Ich wollte in meinen Gedanken von einem

Hochhaus springen und zu meiner Sina gehen. Meine Gedanken sagten mir aber auch ganz schnell, tue dies nicht, denn du kennst deine Tochter sehr genau, und die würde dich mit den Worten empfangen: »Manno, Mami! Ich freue mich auf dich, wir werden uns wieder sehen, doch nicht jetzt schon.«

Auf dieses Wiedersehen freue ich mich jetzt schon, doch ich bin mir sehr sicher, es wird erst dann sein, wenn meine Zeit gekommen ist und dies wird hoffentlich noch lange nicht so sein, denn ich habe hier auch meine Lieben, die möchte ich noch nicht alleine lassen.

Ich bin so oft vor dem Grab von Sina gestanden, habe mir gewünscht, ich könnte mir eine Scheibe von ihrer Art, das Leben zu leben, abschneiden. Im umgekehrten Fall hätte sie gelitten, genau wie ich. Sie wäre jeden Tag an mein Grab zu Besuch gekommen, hätte eines ihrer Kunstwerke, made by Sina, aufs Grab gelegt und ihr Leben weiter gelebt, hätte einen Weg gefunden, es zu lieben.

Ich hole mir die Kraft so oft von ihr, indem ich mir vorstelle, wie sie es wohl gemacht hätte. Ich kenne sie doch so gut, ich konnte sie zu Lebzeiten so gut spüren. Zu Lebzeiten waren wir so oft unterschiedlicher Meinung, doch jetzt kann ich sie immer mehr verstehen. Ich begreife so vieles, plötzlich kenne ich ihre Lebenseinstellung.

Oft wollte ich ihr doch beibringen, was ein Erwachsener wissen muss, wie er sich verhält. Sie wusste es besser, sie konnte einfach Kind bleiben, denn sie wusste, ich werde ein Kind bleiben.

Ich bin am Schreiben, die Tränen kullern mir über meine Backen. Sina ist bestimmt bei mir, ich kann sie fast hören: »Mami, ich bin doch bei dir, bitte sei nicht so traurig.«

Ich habe an mich geglaubt, einen Weg werde auch ich finden. Bis zu dem Tag, als ich meine Tochter verlor, habe ich nur meine Grossmutter verloren, diese war schon über 90 Jahre alt, ganz normal, auch traurig für mich. Doch dies wusste ich, wenn jemand alt ist, wird er irgendwann einmal sterben. Für mich war dies der Lauf des Lebens. Sinas Tod mit 12 Jahren, ein eigentlich kerngesundes Mädchen, ergab für mich aber gar keinen Sinn. Wo bei bestem Willen soll ich hier einen Sinn finden? Wie bei bestem Willen sollte ich mir dies erklären? Fragen über Fragen, auf der Suche und ordnen, was ich gefunden habe.

Ich brauchte einen Weg, Hilfe und immense Geduld. Viel Verständnis von meinen Lieben für mich, aber auch ich musste verstehen und spüren, dass auch sie, auch wenn sie nicht Sinas Mami sind, trauern um Sina.

Ich brauchte dringend einen Plan, eine Ablenkung, ich wollte wieder arbeiten. Meine Überlegung: wenn ich nicht arbeite, mich zu Hause verkrümle, bringt mir dies meine Sina zurück? Ändert dies irgendetwas an ihrem Tod?

Mein Körper ist gesund, ich bin fit! Mein Kopf, meine Gedanken sind krank. Mein Herz ist unendlich traurig, nahe am Zerbrechen. Ich habe keinen Grund gefunden, nicht zur Arbeit zu gehen, keinen Grund, der mir mein Leid, meinen Herzschmerz nahm, wenn ich nicht gehe.

Bis zum 27. Februar war ich 100% krankgeschrieben. Ab dem 28. Februar habe ich bis Ende Juli 50% gearbeitet, von 10:00 bis 14:00 Uhr. Ich wollte mich aber auch der Tatsache stellen, dass ich in dem Spital arbeite, wo Sina und ich nach Hause geschickt worden sind, Sinas Zeichen auf dem Notfall nicht verstanden wurden, wir uns nicht ernstgenommen fühlten, wo ich jeden Tag mit ansehen muss, wie dieser Krankenwagen, der vor unserer Tür stand, zu einem Einsatz wegfährt, dem Personal dieser Nacht begegne, diese Anzüge der Sanitäter durchs Spital gehen. Diese Anzüge, die mich in der Nacht begleiteten. All die Situationen, die mich immer wieder erinnern lassen. Ich musste an dem Ort meine tägliche Arbeit verrichten, an dem ich mich in dieser Nacht, als Sina starb, so im Stich gelassen fühlte.

Auf dem Weg zur Arbeit habe ich geweint, ich wusste genau, welchen Weg ich jetzt fahre, zum Arbeiten, der letzte Weg, den ich mit Sina fuhr. Ich hatte eine Taktik bei mir im Kopf und habe mir einen Schalter angebracht. Die grossen Tränen flossen immer auf der Strecke, wenn ich hinter dem Spital durchfuhr. Auf der Abfahrt legte ich meinen Schalter um. Meine Tränen habe ich nur noch heruntergeschluckt, das Gesicht abgewischt und nachdem ich auf dem Parkplatz geparkt habe, bin ich ausgestiegen und habe ein Lächeln aufgesetzt. Für mich war es ein Lächeln, ein schönes Lächeln.

Auch wenn ich mich wochenlang nicht geschminkt hatte, wenn ich unterwegs war und meine Augen verweint waren, für mich hat mein Lächeln gestrahlt.

Es tat mir gut zu arbeiten, ich hatte ein wirklich tolles Team, das mich sehr wohltuend in dieser Zeit getragen hat und das ist bis heute immer noch so.

Ich erfuhr erst später, dass das Weinen von meiner Chefin verboten wurde, so lange ich anwesend war. Meine Mitarbeiterinnen haben mir erzählt, dass sie einfach ganz froh waren, wenn ich Feierabend hatte. Sie konnten nach dem Anblick von mir und der Anteilnahme meiner Trauer ihren Tränen freien Lauf lassen. Habe ich nicht ein süsses Team?

Herzlichen Dank dem Viva-Weiber-Team.

So gegen 13:30 Uhr wurde es in mir unruhig, ich konnte meinen Schalter nur schwer aufrecht halten, er drohte zu kippen. Es war schwer, über mehrere Stunden mein Lächeln im Gesicht zu präsentieren. Dazu kommt, um 14:00 Uhr kam die Zeit, die ich an Sinas Grab verbrachte, nur kurze Zeit oder auch Stunden.

Es war ja Winter, später ein verregneter Frühling. Ich hatte noch 48 kg, mein körperlicher Zustand liess es nicht mehr zu, wenn es zu kalt war, längere Zeit bei Sina am Grab zu sitzen, dann ich klapperte ganz schnell mit den Zähnen und schlotterte am ganzen Körper. Dazu kam, dass ich so viel am Küchentisch sass, ein wunderschönes Fotobuch von Sina erstellt habe. 17 Wochen sass ich nachts am Tisch, wenn ich nicht schlafen konnte. Oft sass ich auch einfach stundenlang am Küchentisch und habe nur ins Leere gestarrt, wie angeklebt sass ich auf meiner Bank und konnte mich einfach nicht mehr von der Bank erheben.

Ich verlor nicht nur Gewicht, sondern auch Muskeln. Zum Beispiel die Treppe vom U2 bis ins O im Spital legte ich nur noch mit grossem Aufwand zurück. Dies konnte nicht sein, ich, die Starke. Ich zwang mich wieder zum Essen und hatte mein Gewicht schnell wieder im Griff.

Heute in einer Woche hat Sina ihren 2. Todestag. Ich arbeite immer noch im Spital. In der Gastronomie fühle ich mich wohl, meine Arbeit gefällt mir. Natürlich habe ich heute noch Situationen, die mich überfordern. Doch ich bin immer bestrebt, meine Gedanken, Gefühle mir nicht ansehen zu lassen.

Ich arbeite wieder. Zu Hause, wenn unsere Jungs da sind, wird nicht geweint. Das Thema nicht angesprochen, wir versuchen, so gut es geht, ein normales Familienleben aufrecht zu erhalten. Unsere Jungs sind in der Lehre, müssen Leistung bringen. Wir möchten sie, so wenig wie es nur geht, davon ablenken. Sie leisten, so gut es geht. Sie leiden und zeigen es nicht, wissen, es muss weitergehen. Zum Glück gelingt es ihnen mehr recht als schlecht. Habe ich schon erwähnt, dass ich sehr stolz auf sie bin? Ansonsten möchte ich dies doch gleich machen, denn ich bin sehr stolz auf sie.

Ihr müsst euch mal vorstellen, hätten die zwei sich nicht so im Griff, hätten sie es nicht geschafft, damit umzugehen. Ich denke, ich wäre heute nicht so weit mit mir. Meine Jungs hätten meine ganze Aufmerksamkeit gebraucht, die ich ihnen von Herzen gegeben hätte, doch ich hätte die Zeit nicht gehabt, mich mit mir zu beschäftigen. Es haben beide gelitten, noch heute gibt es die Momente, sie werden überfallen vom Schmerz, vom Verlust, von den Bildern. Unsere Sina, tot, auf dem Boden liegend, kein Atmen, keinen Wank.

Sie mit verschränkten Händchen, bis unter die Achseln zugedeckt, auf dem Boden liegend zu sehen. Ich möchte euch jetzt und hier meinen Dank aussprechen, ihr seid grossartig, eben meine zwei Jungs.

Heute, nach 2 Jahren, sprechen wir oft mit den Zweien über Sina. So oft kommt uns in den Sinn, wie sie gerade zu einer aktuellen Situation reagiert, gehandelt hätte. Wir haben gemeinsame Skiferien geplant. Wir sprechen viel über die ersten Abfahrten von Sina, wie toll unsere Ferien mit ihr waren. Sie war immer die Einzige von uns, die den ganzen Tag unermüdlich die Berge hinunter fuhr. Wenn wir die Sonne genossen und uns dem Après-Ski zuwandten, fand sie immer jemanden, der mit ihr wieder auf den Berg fuhr und wenn dieser nicht mehr mochte, holte sie einfach wieder jemand Neuen aus unserer Gruppe.

Timm ist mit seiner Fasnachts-Clique unterwegs, macht im von uns naheliegenden Städtchen beim Umzug mit. Damit wir ihn erkennen unter der Maske verabredete er mit uns ein Passwort. Eigentlich hätte er einfach nur sagen können: »Ich bin der Timm.« Nein, ohne zu überlegen gab er uns das Passwort »Sina«.

Ihr könnt euch ja nicht vorstellen, wie süss ich dies finde. Ihr könnt euch nicht vorstellen, wie gross meine Freude ist, wenn ich weiss, allen von uns ist sie stetig präsent und geht nicht vergessen.

Ich konnte die erste Zeit nur einigermassen mithalten. Ich ging jeden Tag zur Arbeit, die ich so gut erledigte, wie es ging. Der Haushalt wurde so »häb chläb« erledigt, da ich 17 Wochen fast nicht schlief, weil mein Kopf nicht mehr klar denken konnte. Ich fuhr mit dem Auto los zum Einkaufen, wie oft stand ich auf dem Parkplatz beim Spital, anstatt auf dem Parkplatz vom Migros. Ich wollte nach der Arbeit noch etwas erledigen, bevor ich zu Sina aufs Grab gehe, angekommen bin ich zu Hause auf dem Parkplatz.

Viele Wege, Fahrten, ich weiss nicht mehr, wie ich sie zurücklegte. Es ist mir nie etwas dabei passiert, doch ich konnte in dieser Zeit nicht mehr nachvollziehen, wie ich von A nach B gekommen bin. Ich hatte immer mehr Lücken in meinem Gedächtnis. Beim Einkaufen stand ich vor den Regalen, sah mir an, was Sina besonders gern hatte, meine Tränen flossen, ich kaufte nicht weiter ein. Es war mir egal, ob wir etwas zu essen hatten oder nicht. Ich dachte, sie kann auch nicht mehr essen, also möchte ich auch nichts essen.

An Ostern, all die wunderschönen Osterdekos, die vielen Osterhasen, die knuffigen Plüschtiere, Hasen, Küken. Die Saison-Artikel erinnern mich immer an Fasnacht, Ostern, Weihnachten ohne Sina. Ich mag sie eigentlich nicht mehr. Doch mittlerweile habe ich mich wieder daran gewöhnt, ich bringe auch immer, für mich das schönste, von den Artikeln auf ihr Grab. Es wird nicht nur von mir, nein, von allen zu jedem Anlass schön dekoriert.

Ich stand so oft plötzlich im Kino. Dies kam immer plötzlich, ich brauchte keinen Anlass dazu. Vor meinen Augen sah ich eine grosse Leinwand, rundherum nahm ich nichts mehr wahr. Da lag Sina in ihrem Bett, drehte den Kopf zu mir und sprach: »Mami, ich sterbe.« Dies passierte mir, wo immer ich war, wenn ich nicht beschäftigt war oder abgelenkt. Es tat sehr weh, wie ein Schlag mitten in mein Gesicht. Ich glaube, es ist sehr schwer, sich diese Situation vorzustellen. Ich selber kann es nicht einmal richtig erklären. Der Verlust von Sina, meiner Süssen, hat meinen Kopf, mein Hirn, so verwirrt, bis es zum Teil vom Verlust gesteuert wurde. Es machte mit mir so oft, was es wollte und nicht ich. Ich stand so oft in Situationen, wo ich nicht stehen wollte. Anfangs Sommer 2013 stand Sina so oft vor mir. Zu Hause, es passierte zu jeder Zeit oder in jeder Situation, stand plötzlich Sina vor mir. Für mich war es störend, unpassend, ich dachte gerade nicht an sie. Sie konnte mich beherrschen, nur schwer gelang es mir, eine Diskussion weiter zu führen, einem Gespräch zu folgen. Es wirkte so beherrschend auf mich ein. Ich wollte weg, wollte aus diesem Haus ausziehen, ich fühlte mich nicht wohl.

Heute möchte ich dieses Haus gerne kaufen, möchte diesen Ort, wo sie heranwuchs, besitzen. Das Haus ist alt und hat so einige Mängel, das Grundstück ist zum grössten Teil Hanglage. Es gibt ganz bestimmt Idealeres. Für mich hat es einen grossen Wert, für mich ist es das schönste Stück auf Erden.

Es steht nicht zum Kauf. Ich musste lernen, Sina zu vermissen, obwohl ich dies nie wollte. Ich werde auch lernen, wenn ich ein Eigenheim besitzen möchte, wird es an einem anderen Platz sein. Er wird mit Sina nichts zu tun haben, doch ganz in ihrer Nähe sein, denn dies ist meine Bedingung. Ich möchte sie ganz spontan besuchen können auf dem Friedhof in dem kleinen Dorf, in dem Sina aufwuchs.

Von einem Tag auf den anderen war ich nicht mehr dieselbe, mein Gedächtnis konnte ich oft nicht mehr steuern, es machte, was es wollte. Es gab so viele Fragezeichen um mich. Ich wollte nicht glauben, was geschehen ist. Ständig musste ich weinen, war nur noch glücklich, wenn ich traurig war, ich konnte doch nur noch traurig sein. Ich habe mich aussätzig gefühlt und wurde zum Teil auch so angeschaut. Die Leute konnten nicht verstehen, wieso ich so verweinte Augen hatte oder sie wussten von meinem Schicksal und wussten nicht, wie mich anzusprechen. Alles war plötzlich so schwer. So konnte ich nicht weiter machen. Ich wurde doch gebraucht. Ich musste mir helfen, auch ein Rat von vielen Freunden. Also machte ich mich auf die Suche nach einem Psychiater. Wie und wo fände ich einen? Ich wollte doch einen guten, ich wollte doch jemanden, der zu mir passt. Ich fragte im Spital eine unserer Sozialarbeiterinnen. Sie meinte, die einfachste Lösung sei, mich auf dem Psychiatrischen Dienst vom Kanton zu melden. Dies tat ich auch.

Ich wurde einfach jemandem zugeteilt. Es war eine Frau, bis heute gehe ich regelmässig zu ihr. Am Anfang wöchentlich, danach alle 3 Wochen, zwischendurch brauchte ich sie sogar wieder wöchentlich und konnte jetzt wieder grössere Abstände vereinbaren.

Ich habe es wunderbar getroffen, wir passen zueinander und sie kann mir wirklich immer helfen. Ich finde, sie ist eine wunderbare Frau. Sie ist Mami, hat 3 Kinder, ich fühle mich verstanden und dies zeigt sie mir auch immer wieder offen. Liebe Leser und Betroffene: Den Verlust seines eigenen Kindes steckt man nicht einfach mal so auf die Seite.

Ich bin zuvor ein sehr starker, selbstbewusster Mensch gewesen, im Traum hätte ich nicht daran gedacht, in was für ein tiefes Loch man fallen kann. Mein Leben war mit meinen beiden ADHS Kindern und den Umständen nicht immer leicht. Trotzdem hatte ich nie das Gefühl, dass ich einmal in meinem Leben einen Psychiater brauche; doch so oft kommt es anders, als man denkt.

Ich kann diesen Weg nur empfehlen. Über meine Sitzungen bei meiner Psychiaterin werde ich nicht schreiben, denn dies ist so etwas Persönliches, auch individuell, du wirst es nicht so erleben wie ich und ich nicht wie du. Was ich meiner Psychiaterin erzähle, erzähle ich nicht einmal meinem Lebenspartner. Bist du betroffen, hab keine Angst. Diese Besuche sind wie ein grosser Schatz für mich, ich pflege ihn und das geht niemand anderen etwas an. Ratschläge von ihr kann oder versuche ich umzusetzen. Fragen von ihr zu meinen Erzählungen treiben mich an, es anders zu sehen, anders darüber zu denken. Ich habe gelernt, negative Sätze in meinem Kopf positiv aufzunehmen.

Wie ich mich äussere, erzähle und Gefühle preisgebe, kann ich nicht auf die gleiche Art und Weise wiedergeben. Dies gelingt mir nur bei ihr.

Eine ganz einfache Situation aus einer Sitzung bei meiner Psychiaterin möchte ich euch aber trotzdem erzählen. Einen kleinen Einblick mag ich euch gönnen, vielleicht hilft es euch zu verstehen.

Ich sitze auf dem Stuhl, ich weine. Ich erzähle ihr, dass mir Sina fehlt und ich nicht miterleben darf, wie sie in eine Lehre geht, sich verliebt, später heiratet. Ich werde nie Enkel von ihr bekommen, die mich besuchen, kann nie mit ihren Kindern spielen.

Ich fühle mich richtig beschissen vom Leben. Mir ist es nicht gegönnt, mitzuerleben, wie mein Süsses erwachsen wird.

Meine Psychiaterin stoppt mich.»Frau Schaub! Dies sind Ihre Vorstellungen vom Leben Ihrer Tochter. Sie wissen gar nicht, ob diese Vorstellungen auch ihre gewesen wären. Wäre sie diesen Weg gegangen?«

Als sie mir dies sagte, war das wie ein Seil, das sie mir zuwarf, hinunter in diese dunkle Grube, in die ich mich gerade mit meinen Gedanken herunterkatapultiert hatte. Ich sah plötzlich einen Ausstieg aus der Grube. Sah einen Weg hinaus.

Ich bemerkte, dass mir meine Gedanken wieder für einmal mehr einen Streich spielten, denn sie zeigten mir ein Bild, das es gar nicht gibt und nie geben wird. Sinas Lebensweg hörte auf am 14 Februar 2013. Ich habe es nicht akzeptiert und einen Lebensweg erschaffen, der von ihr nie gegangen wird.

Dieser Weg hat mich traurig gemacht, ich fühlte mich beschissen. Vom Leben betrogen.

Ich darf sie vermissen, mein Herz darf wehtun, aus Liebe zu ihr. An vergangener Zeit mit ihr darf ich festhalten. Mich an die erlebten Bilder erinnern. Ihr spezielles Wesen bewundern.

Ich kann aber nicht zugrunde gehen über einen Lebenslauf, der nie gewesen ist.

Als ich als Teenager eine Verkäuferlehre machte, dachte ich, dies bedeute zu lernen. Nein! Das Leben, mein Schicksal lehrt mich.

Endlich weiss ich,
was mit meiner Süssen geschah

Wir warteten ja immer noch auf den Bericht vom Staatsanwalt. Er meinte, es dauere ca. 6 – 8 Wochen, bis wir Bescheid bekommen vom IRM. Nach 10 Wochen war es dann endlich so weit. Wir bekamen vom Staatsanwalt einen Anruf, die Unterlagen wären fertig. Sofort machten wir mit ihm einen Termin ab.

Beat und Rita, Dani und ich, dabei hatten wir einen Anwalt. Auf dem Polizeiposten trafen wir uns. Wir bekamen einen dicken Ordner zur Ansicht auf den Tisch gelegt.

Der Staatsanwalt hatte mit der Pathologin im Vorfeld ein langes Telefongespräch, in dem sie ihm erklärte, was bei der Obduktion herausgekommen ist. So, dass er uns dies mitteilen konnte, denn der Ordner half in dem Moment nicht viel. Es konnten nicht alle gleichzeitig darin lesen, wir hatten auch ganz sicher nicht die Geduld dazu, denn Sina war schon seit 10 Wochen tot und das einzige, was wir wussten, ergab für uns noch keinen Sinn. Für uns gab es diese Nacht, in der Sina um ihr Leben kämpfte und verlor. Eigentlich wussten wir nur, sie hatte uns einfach so verlassen.

Wir sassen alle am Tisch, der Staatsanwalt stand vor uns und berichtete vom Telefonat. Die Pathologin habe ihm mitgeteilt, dass Sina sehr krank war, ein Virus habe ihr Herz angegriffen und sie sei an einer Herzmuskelentzündung gestorben, zudem habe sich der Virus auch schon in ihrem Hirn und ihrer Lunge breit gemacht. Die klinische Diagnose sei schwierig, da häufig nur unspezifische Symptome auftreten. Dieses Krankheitsbild sei mit einer hohen Sterblichkeit belastet. Zudem habe sie eine Verengung der grossen Körperschlagader gehabt, dies sei genetisch bedingt.

Durch die Obduktion ergaben sich keine Hinweise auf eine grobe mechanische Gewalteinwirkung von Todesursachenwert. Sina ist an einer Influenza gestorben.

Weiter liess sie durch den Staatsanwalt ausrichten, dass Mike, Pa und ich zu einer Untersuchung der Körperschlagader gehen sollten, um diesen Genfehler bei uns auszuschliessen.

Für Sina hätte es bedeutet, dass sie in ihrem Leben später an Bluthochdruck gelitten hätte und etwas dagegen hätte einnehmen müssen. Die Pathologin hat uns durch den Staatsanwalt zu sich auf das IRM eingeladen, um uns unsere Fragen zu beantworten.

Zu Hause las ich den Bericht in Ruhe durch. Ich stellte sofort fest, dass er für mich nicht vollständig war. Ich hatte von meinem Hausarzt mit den ganzen Unterlagen von Sina einen Bericht vom Kantonsspital an den Hausarzt erhalten. Dieser Bericht hatte mich sehr aufgebracht.

Es steht wortwörtlich darin:»Am Morgen Vorstellung beim Hausarzt. Er habe Blut genommen. Gemäss Mutter sei das Labor blande gewesen inklusive Leukozyten und Entzündungszeichen.« Ich war nicht am Morgen beim Hausarzt, nein, zwei Stunden, bevor ich auf den Notfall fuhr. Soviel zur Aufmerksamkeit vom Arzt. Ich sagte auf dem Notfall, das Blutbild sei nicht auffallend, genau wie es mir der Hausarzt zuvor mitteilte. Ich denke, diese Aussage in diesem Bericht sollte erklären, wieso Sina kein Blut abgenommen wurde. Zudem steht, sie wäre selbstständig auf die Toilette gegangen. Irena und ich haben sie aber mit dem Bett zur Toilette gefahren.

Weiter:» Nach 1,5 h Überwachung und Besserung der

abdominellen Symptomatik entliessen wir die Patientin nach Hause.«Stimmt, mit dem Primperan in ihrem Blut konnte Sina nicht mehr erbrechen, doch ich sprach nicht von Besserung, denn von da an hatte sie ganz andere Symptome. Wie ich euch in diesem Buch schon erzählt habe, war es für mich fast unerträglich, dies alles mitanzusehen. Ich war doch so verzweifelt, wusste weder ein noch aus. Ich habe an mir gezweifelt, denn ich war beim Hausarzt, danach auf dem Notfall, keiner sah, was ich meinte zu spüren. An dem Abend war ich nicht der Mediziner und bin es heute noch nicht. Lange machte ich mir Vorwürfe. Wieso habe ich nicht Radau gemacht? Wieso bin ich nicht hysterisch aufgetreten?

Dieser Bericht ist so geschrieben, genau wie ich mich verstanden gefühlt habe auf dem Notfall.

In den Akten des Staatsanwaltes fehlte auch das Blutbild vom Hausarzt.

Ich habe mich sofort ins Auto gesetzt und habe es selber abgeholt. Ich wollte vollständige Akten haben. War natürlich sehr kleinlich, sensibel, ich wollte natürlich alles horten.

Ich suchte auch einen Schuldigen, dann hätte ich meine Wut an jemanden richten können. Ich habe schnell begriffen, für den Tod, die endgültige körperliche Trennung von Sina, ist ein Virus, ich sage »Käfer«, verantwortlich. Ich kann ihn nicht sehen, nicht kennen lernen, nein, ich kann ihn nicht einmal schlagen oder zerdrücken. Viren beherrschen unser Leben, entschieden über meine Tochter.

Meine Enttäuschung richte ich an den Assistenzarzt und die Oberärztin. Den Verlauf dieses Abends müssen sie schon mit mir tragen. Ihnen fehlte das Gespür, Feingefühl, die Lust und die Neugier, zu wissen, zu diagnostizieren.

Ihre Diagnose haben sie eigentlich gestellt wie einer, der

nicht Mediziner ist. Erbrechen und Durchfall = Magen-Darm. Dem Obduktionsbericht kann ich entnehmen, dass Sinas Symptome auch andere Ursachen hätten haben können.

Bei der Durchsicht der Krankenunterlagen fanden sich unter den Befunden für Atmung, Herz und Kreislauf keine Besonderheiten, aus denen sich auch im Nachhinein betrachtet der rasante weitere Verlauf hätte ableiten oder vorhersehen lassen. Auffallend war der Eintrag, dass Schaub Sina bei der Verabreichung der Medikamente »kollabiert« sei. Der kurz darauf gemessene Blutdruck von »103/65« bei einem Puls von »133« könnte auch als Hinweis auf ein beginnendes Schockgeschehen gewertet werden, im gleichen Sinne lassen sich die »kollabierten Halsvenen« interpretieren. Differenzialdiagnostisch könnte aber auch an eine »überschießende« Reaktion auf die Punktion eines Blutgefäßes (Spritze) gedacht werden. Die zu diesem Zeitpunkt verabreichte Infusion von »1000ml NaCI 0.9%« ist eine adäquate Therapie zur Behandlung des zugrunde liegenden Volumenmangels und dürfte zumindest die genannten Parameter gebessert haben. Unstillbares Erbrechen ist darüber hinaus auch ein Symptom einer Hirnhautentzündung. Eine neurologische Untersuchung zum Ausschluss dieser durchaus nahe liegenden Differenzialdiagnose ist nicht dokumentiert. Gegen 21.40 Uhr sei Schaub Sina aus der Notfallstation entlassen worden.

Ob und in welcher Form sich der Zustand bis zum Austritt gebessert hatte, ist ebenfalls nicht dokumentiert. Die Frage, ob Schaub Sina bei einer stationären Aufnahme ins Spital hätte gerettet werden können, ist spekulativ und kann nicht beantwortet werden. In diesem Fall hätte jedoch beim Auftreten von Komplikationen zeitnah ärztliche Hilfe zur Verfügung gestanden.

Ich hätte nach dem Tod von Sina erzählt oder in dem Buch geschrieben:»Sie haben gekämpft, alles getan, was die Medizin ermöglicht. Sie verlor ihren Kampf, denn gegen einen Virus muss der eigene Körper siegen. Die Ärzte machten ihr Menschenmöglichstes.«

Dies macht mich nachdenklich:»Wer gegen etwas Hartes stößt, bekommt einen blauen Fleck. Wer sich mit einem Messer schneidet, muss die blutende Wunde versorgen. Was aber, wenn die Ursache für den kranken Zustand nicht ersichtlich ist? Meistens wird der Arzt Blut abnehmen zur Untersuchung. **Blutsenkung**, **Blutgasanalyse** und **Blutbild** sind die wichtigsten Tests, der Arzt bekommt Informationen über die Vorgänge im Körper, die ihm die Diagnose ermöglichen. Denn der Mediziner setzt die Diagnose vor die Therapie.«

Sina wurde beim Eintritt kein Blut abgenommen. Von der Pathologin wissen wir, dass dies uns nicht weiter gebracht hätte. Die Ergebnisse wären dieselben gewesen, wie schon beim Hausarzt. So oft kommt es vor, dass das Blutbild dem Zustand des Patienten etwas hinterherhinkt.

Okay! Ich kann dies sicher nicht wissen, doch sollte man in so einem Fall vielleicht nicht nach einer anderen Methode suchen? Gibt es nur diesen Test (CRP)? Haben die Mediziner nur einen einzigen Test zur Verfügung? Weiss nur ich von einer Blutsenkung, einem Blutgasanalysen-Test?

Vor uns lag Sina auf dem Krankenbett, fiel in Ohnmacht, atmete plötzlich schnell, man hörte, wie sie nach Luft schnappte, ihr Körper immer kälter wurde. Sehen konnte man die kollabierte Halsschlagader, ganz klar, Verlust von Flüssigkeit durch das häufige Erbrechen. Wir haben auch gesagt, dass sie Durchfall hatte. Dies konnte man sehen, nahmen wir alle wahr, sahen den Zustand meiner

Tochter, der Patientin. Doch wo war das Fühlen, das Gespür, der Wille zu helfen, der Wille zu wissen, was ihr fehlte?

Irena stach die Nadel in Sinas Arm, mit einer Geste fragte sie den Assistenzarzt, ob sie Blut abnehmen solle. Ich bin mir sicher, ihre Geste richtig verstanden zu haben. Der Arzt schüttelte den Kopf oder sagte nein, das weiss ich nicht mehr. Auf jeden Fall wurde kein Blut abgenommen und gleich eine Infusion angebracht. Möchte ein Arzt nicht wissen, wie es um seinen Patienten steht?

Wenn ich mit einer eitrigen Wunde zum Arzt gehe, bekomme ich nicht nur ein Pflaster. Nein, er nimmt Blut ab und möchte wissen, wie es mir geht. Er macht einen Bluttest und möchte wissen, wie es mit dem Entzündungsherd im Körper steht, es könnte sich ja auch eine Blutvergiftung daraus ergeben.

Die Lösung unseres Problems, mit dem wir auf den Notfall gingen, war Primperan. Dies tönt für mich heute, als hätten sie ein Pflaster auf eine eitrige Wunde geklebt.

Ich stehe im Kontakt mit einem Kinderarzt, er hat mich schon so oft unterstützt, ist mir mit einem guten Rat beigestanden. Ihm vertraue ich. Ich habe mich mit ihm über mein Schicksal unterhalten. Nach Sinas Tod habe ich mich mit ihm getroffen. Seine Aussage, nachdem er alle Dokumente gelesen hatte und ich ihm alles erzählt hatte: »Da ist aber auf der Notfallstation so einiges schiefgelaufen.«

Zu diesem Zeitpunkt hat mir diese Aussage gereicht, ich konnte noch nicht nachfragen, was er damit meinte. Nach über einem Jahr habe ich mich noch mal mit ihm getroffen. Ich wollte wissen, was er mit der Aussage meinte. Ich wollte von ihm wissen, was sieht ein Arzt aus den Unterlagen, den Akten über Sina, die ich ihm gab, wie urteilt ein Arzt über dieses Geschehen. Für ihn wäre eine Blutgasanalyse die

Lösung gewesen, denn in kurzer Zeit hätte man Sinas Zustand gesehen.

Zu Hause angekommen habe ich mich hingesetzt und zuerst einmal mich darüber informiert, was er überhaupt meinte.

Was sind Blutgaswerte?

Zu den Blutgasen zählen Sauerstoff und Kohlendioxid, die in unserem Blut vorkommen. Zu den Blutgaswerten gehören auch die pH-Werte. Diese Werte beeinflussen unsere Atmung.

Die Sauerstoffsättigung ist ein wichtiger Parameter, denn sinken diese Werte zu tief, ist unser Gewebe gefährdet.

Den Säure-Basen-Haushalt wird von der Lunge gesteuert: Die Lunge regelt den Kohlendioxidgehalt im Körper, wird es nicht ausreichend abgeatmet, gibt es einen Stau an Kohlendioxid und der pH-Wert senkt sich, der Körper wird sauer. Atmen wir vermehrt, wird unser Blut basisch, denn wir nehmen zu wenig Kohlensäure auf. Der Arzt sieht am Blut-pH-Wert, was an unserer Atmung nicht stimmt.

Ich habe dem Arzt gesagt, Sina atmet fest, schnell oder vermehrt, ich habe ihn, dies war eigentlich nicht zu überhören, darauf aufmerksam gemacht. Zu diesem Zeitpunkt wusste ich nicht, dass er diese Ursache für das feste Atmen von Sina mit einem Bluttest hätte herausfinden können … doch er tat es nicht.

Diese Blutgaswerte habe ich euch in ganz einfachen Worten und mit dem, was ich in Gesprächen oder übers Lesen in Erfahrung bringen konnte, erklärt. Dies werde ich bei all meinen weiteren medizinischen Aussagen so beibehalten, denn ich bin vorsichtig, möchte nicht etwas behaupten, was nicht stimmt, möchte euch zu lesen geben, wie ich es verstanden habe. Ich denke, dies geht noch manch anderem so.

Wann und warum wird eine Blutgasanalyse gemacht?

Diese Blutgasanalyse wird bei Patienten nach einem Kreislaufzusammenbruch, meist vom Notarzt, sofort gemacht. Meist auch bei Patienten mit einer Atem-Funktionsstörung. Welchen Punkt erfüllte Sina nicht auf der Notfallstation?

Wie wird eine Blutgasanalyse durchgeführt?

Mit einem Clip an der Fingerkuppe, dies ist die einfachste und schnellste Form, wie die Sauerstoffsättigung im Blut gemessen werden kann. Wird vor allem im Krankenwagen so praktiziert, denn ein Labor ist meist nicht an Bord, ha ha.

Am genausten ist aber doch die Variante mit dem Pieks an der Fingerkuppe oder am Ohr und noch genauere Resultate gibt das Blut aus der Arterie, dieses wird an der Unterseite des Handgelenks entnommen. Der Arzt bekommt vom Labor einen Analyse-Bericht, er hat mit diesen Ergebnissen den Überblick über den Zustand seines Patienten.

Sina hatte den Clip am Finger. Zum Zeitpunkt, als Irena uns das Gitter am Bett hochklappte, war Sina unruhig, oder waren es erste Krämpfe? Hätte der Arzt, weil ihn das Wundern packte, einen Blutgasanalysen-Test machen müssen, denn die zuvor kollabierende Sina machte ihm noch keinen Eindruck?

Ein Gespräch mit einer Laborantin hat mich überzeugt, mich so weit aus dem Fenster zu lehnen, um dies ohne Fachwissen so zu schreiben. Ich bin aber offen, möchte mich jemand anders belehren.

Primperan

Laut Pathologin:»aus toxikologischer Sicht haben die Medikamente nicht mit zum Eintritt des Todes beigetragen. Allerdings senkt Metoclopramid die Krampfschwelle, was die Auslösung des vor Eintritt des Todes beobachteten Krampfanfalls begünstigt haben dürfte.«

Am Morgen danach klingelte unser Telefon. Es war Irena, die uns auf dem Notfall betreut hatte. Ich freute mich, sie zu sehen an dem Abend, jemand Vertrautes. Ich kenne sie zwar mehr vom Erzählen. Jana, die Tochter von Dani, war zu dieser Zeit mit Irenas Sohn liiert. Ich wusste von Jana, was für eine fürsorgliche Mami sie ist. Wir sprachen über den Moment. Ich erzählte ihr, dass ich dem Arzt vergessen hatte zu sagen, dass Sina auf dem Parkplatz Blut erbrach. Sie tröstete mich:»Petra, ein winziger Tropfen Blut kann einen ganzen Liter Wasser verfärben, das muss nicht bedeutet haben, dass sie fest blutete.«

Weiter wollte ich wissen, wie dieses Medikament hiess. Es beschäftigte mich, denn nach dessen Erhalt hatte sie sich so verändert.

Wir wurden gefragt:»Was haben sie ihr denn gegeben?« Irena konnte mir den Namen sagen, leider schrieb ich ihn nicht auf und ich habe ihn natürlich wieder vergessen. Dani rief später noch einmal an, Irena war schon auf Arbeit, ihr Mann hat abgenommen. Dani erzählte ihm, um was es gehe, ihr Mann antwortete:»Aha, nimmt dies ein Nachspiel?« Ging es um Rache? Nein, wir wollten einen Grund, wir wollten es ein wenig verstehen. Wieso war unsere Sina einfach so gegangen? Ich glaube, in solchen Momenten hält man sich, woran man kann, sucht Gründe, Erklärungen, einfach etwas und diesem etwas möchte man gerne die Schuld geben. Ich hätte meine Wut, Enttäuschung auf etwas richten können.

Ich verstehe ihn natürlich auch, denn ich würde meine Familie auch verteidigen und zudem wusste er auch nichts Genaueres, denke ich, und konnte mit dieser Situation genau so wenig umgehen wie wir alle. Wir wussten doch wirklich einfach nicht, was passiert ist, konnten es uns nicht erklären. Wir waren unsere eigenen Detektive, suchten jemand oder etwas, worauf wir unsere Wut richten konnten.

Wer steht plötzlich da und rundherum ist einfach alles weg, Sina atmet nicht mehr, ein Teil von mir ist gestorben. Es bleibt nur noch ein Gefühl von Verzweiflung, Elend und grosser Traurigkeit.

Ich kenne keine Mami, Eltern, Bruder, Grosseltern, Götti, Gotti und Hinterbliebene, die nach einem solchen Ereignis sagen können:»Na und, jetzt ist sie halt gestorben.« Sehr böse von mir geschrieben, doch seine Antwort hinterliess mir diesen Gedanken im ersten Moment.

In keiner Weise wurde auch nur ein wenig in meinen Gedanken Irena eine Schuld gegeben. Im Gegenteil, sie vertraute den Ärzten wie ich, obwohl unser Mami-Gespür etwas anderes sagte.

Wie oft frage ich mich: Petra, wieso bist du nicht ausgetickt, hast nicht die Vorhänge zu Boden gerissen, deine Zähne gezeigt und wieso bist du nicht ausfällig geworden?

Ich kann mir meine Frage ganz einfach selber beantworten, denn ich bin eine ruhige, verständnisvolle, gutgläubige Person und dies habe ich jetzt davon. Manchmal hasse ich meine ruhige Art, ich möchte einfach auch einmal wütend werden.

Zu Hause geht dies, fragt mal meinen Lebenspartner und die Jungs. Wenn ich unterwegs bin, andere um mich sind, geht dies nicht, man sieht es höchstens meinen Lippen an, wenn ich es herunterschlucke. Meine Chefin bestätigt dies. Ich und alle, die sich dafür interessierten, suchten Informationen über Google. Dies wird ja nicht immer geliebt, doch trotzdem tat der Arzt dies in dieser Nacht ja auch. Er holte sich seine Info über die Nebenwirkungen auch im PC. *Primperan* [Medikament gegen Erbrechen — Metoclopramid] /0Mg iV. [intravenös). Original Kopie aus Sinas Akten. Unter Google findet man diverse beängstigende Aussagen über dieses Medikament. Ein Prof. Dr. aus der Medizin versicherte mir, dass dieses Medikament sehr oft bis immer angewendet wird und keine Probleme auftraten. Ein Dr. med. Kinder und Jugendmedizin kennt dieses Medikament nicht und versicherte mir, dass er und das Kinderspital es nicht verwenden.

https://compendium.ch/mpro/mnr/1513/html/de#7150

Über diese Seite informieren sich doch Ärzte?

Das Medikament wird langsam verabreicht, Dauer mindestens 3 Minute. (dies wurde bei Sina eingehalten).

Was ich noch weiter lesen konnte über dieses Medikament, versuche ich euch so, wie ich es verstanden habe, weiterzugeben. Ich empfehle euch, wen es interessiert, selber nachzulesen und zu recherchieren.

Dieses Medikament darf Kindern unter 14 Jahren nur im dringenden Notfall verabreicht werden.

Es empfiehlt sich, den Patienten nach der Einnahme dieses Medikaments zu beobachten. Es kann bis zu einem Herzstillstand führen, eine Reanimationsausrüstung sollte bereitstehen.

Ich stieß bei meiner Recherche auf ein Wort »Pharmakokinetik«, das bedeutet so viel wie: was richtet ein Arzneimittel im Körper an und wie verwendet er es. Es gibt Studien, dass die empfohlene Dosis vom Erwachsenen nicht einfach auf ein Kind »heruntergerechnet« werden darf. Ich konnte nichts von der Pharmakokinetik wissen. Ich holte mir einfach Hilfe und dies in der nächsten Umgebung. Die Problematik der Pharmakokinetik müsste der Mediziner wissen und er hätte noch Zeit gehabt, sich Hilfe zu holen. Die Zeit hätte gereicht, sich zu informieren oder sogar für einen Transport ins Kinderspital.

Warnhinweise und Vorsichtsmaßnahmen

Primperan darf Kindern unter 14 Jahren nur bei zwingender Notwendigkeit verabreicht werden.

Wo hat der Arzt die zwingende Notwendigkeit gesehen, denn nach einer Ohnmacht/Kollabieren schickte er uns trotzdem nach Hause. Er ist von einer normalen Magen-Darm-Grippe ausgesehen. Wieso dieses Medikament?

Im Weiteren fand ich:

Bei Säuglingen und Kindern verursacht es gerne unwillkürliche Bewegungen und Krämpfe, denn es überquert die Blut-Hirn-Schranke.

Sina hat dieses Medikament bekommen, ich kann nichts mehr daran ändern. Unsere Pathologin auf dem IRM versichert uns, dass sie nicht an dem Medikament gestorben ist.

Trotzdem wären ohne dieses Medikament meine letzten Stunden, Minuten mit meiner Sina ganz sicher anders verlaufen. Ich denke, sie wäre in meinen Armen leise eingeschlafen und nie wieder erwacht.

Sie hätte nicht gekrampft, unwillkürliche Bewegungen gehabt. Ich hätte sie halten können, liebkosen, hätte dieses Medikament nicht bedingt auf Sinas Tod eingewirkt, es war zwar nicht die Ursache, aber die Art und Weise hat es beeinflusst. Wie sie war und sich benahm in der Zeit vom Notfall bis zu ihrem Tod, dies braucht Kraft, um es zu verarbeiten, denn es war nicht schön mitanzusehen.

Dieses Medikament kann bis zu einem Herzstillstand führen. Ich kann euch nicht beweisen, dass dieses Medikament schuld an Sinas Tod ist, aber die Art und Weise, wie sie ihre letzten eineinhalb Stunden verbracht hat, wurde vom Primperan beeinflusst.

Es kann nicht sein, dass im Google so viel Negatives über dieses Medikament steht und das nur ignoriert wird. Wie oft ist ein Arzt im Google und schaut nach, wenn er nicht mehr weiter weiss? Wie oft verschreibt er einem Patienten ein Medikament und macht sich schlau bei Google über die Nebenwirkungen und Verträglichkeit.

Ich bin offen, ich werde gerne eines Besseren belehrt. Denn ich verstehe es wirklich nicht wieso Sina dieses Medikament bekommen hat. Ein krebskranker Patient bekommt es nach einer Chemo. Ein krebskranker Patient steht dem Tod nahe. Sina wurde nach Hause geschickt; dass ihr der Tod so nahe stand, sah niemand. Wieso bekam sie solch ein Hammer-Medikament? Ich verstehe es nicht.

Diese Bilder, diesen Film mitanzusehen, ich wünsche dies niemandem auf dieser Erde, denn am Schluss ist sie gestorben und ich kann heute sagen, sie wand sich in den Tod und niemand hat ihr geholfen. Ich war beim Hausarzt, wurde nach Hause geschickt, bin auf den Notfall und wurde nach Hause geschickt. Wie um Himmelswillen sollte ich auf die Idee kommen, beim Ansehen dieses Films, den Sina mir lieferte, dass dies ein Todeskampf ist?

Ärzte haben eigentlich eine grosse Macht. Wir glauben ihnen, denn als normal Sterbliche verstehen wir nichts von Medizin, Orthopädie und Chirurgie. Wir können sagen und fühlen, wo es weh tut, doch wieso und warum? Für diese Antwort fahren oder gehen wir zum Arzt.

Ein Virus hat ihr auf die übelste Weise zugesetzt. Von unserer Pathologin wissen wir, dass sie so krank war, ihr Tod hätte nicht verhindert werden können. Mir kann aber auch niemand beweisen, dass sie gestorben wäre, wenn sie dieses Medikament nicht bekommen hätte, Sinas wirklicher Zustand erkannt und weiter behandelt worden wäre und sie noch zur Beobachtung ein wenig hätte bleiben dürfen.

Die Reanimationsapparate wären in dem Fall vorhanden gewesen, denn die brauchte Sina von einer zur anderen Minute.

Mir muss niemand beweisen, dass, wenn sie dieses Medikament nicht bekommen und die notwendige Behandlung bekommen hätte, heute noch leben würde.

Von unserem Gesetz her ist dies nicht notwendig, denn habt ihr schon einmal erlebt, dass ein Einbrecher beweisen musste, dass er im Haus war und etwas gestohlen hat?

Es ist so, schuldig ist jemand, dem man die Schuld beweisen kann. So lange er unschuldig ist, muss er nicht beweisen, dass er nicht schuldig ist. Das tönt kompliziert, ist aber so.

Besuch im Institut für Rechtsmedizin

Auf der Rechtsmedizin wurden Pa, Rita, Dani und ich mit dem Staatsanwalt von Sinas Pathologin empfangen. Wir haben von ihr erfahren, dass wenn Kinder unter 14 Jahren sterben, sie die Eltern meist persönlich empfangen. Sie ist so eine tolle Person, Persönlichkeit. Ich hatte das Gefühl, die Chemie zwischen uns hat gestimmt, es fühlte sich so echt an, wenn ich mit ihr sprach. Ich fühlte mich so verstanden.

Ich hatte mir im Vorfeld einen Fragebogen erstellt, wollte wirklich nichts vergessen, denn diese Gelegenheit musste ich beim Schopf packen.

Ich las ihr meine Fragen vor, hinter denen ich sogleich auch meine Antwort, wie ich es sehe, interpretiere oder verstanden habe.

Fragen, die mich seit Sinas Tod plagen

Wir müssen warten, wir setzen uns nebeneinander auf einem Stuhl nieder. Sina verdreht kurz ihre Augen, legt ihren Kopf in meinen Schoss. Als wir abgeholt werden, stütze ich Sina leicht beim Gehen.

Für mich ein 1. Zeichen an körperlicher Schwäche und Kraftlosigkeit?

Sina wurde das Fieber gemessen, 36,4°. Ich frage mich, wie kann das sein? Vor dreieinhalb Stunden hatte Sina noch

39,2° Fieber, ich habe ihr nichts dagegen gegeben oder gemacht.

Für mich ein 2. Zeichen. Körper zentralisiert? Es gibt die Fieberkurve, doch hätte Sinas Körper bei einer Abkühlung von 3° nicht mit Schwitzen reagiert, wenn er einigermassen noch funktionsfähig gewesen wäre? Oder die Kraft dazu gehabt hätte? Kann ich das als normale Fieberkurve ansehen?

Sina kollabiert! Ich rufe um Hilfe. Als Hilfe kommt, ist Sina bereits wieder zu sich gekommen. Sina hatte von da an riesengrosse Pupillen, und das bis zu ihrem Todeszeitpunkt. Der Assistenzarzt, wie auch Oberarzt und Krankenschwester diskutieren, ob dies wegen des eingeschalteten Schlummerlichts ist. Ich wurde gefragt, ob Sina Drogen nimmt! Meine Theorie ist: Schock, vielleicht vom Stechen? Sina hatte grosse Angst vor dem Stechen.

3. Zeichen! Sollte der Arzt beim Zustand von Sina nicht auf zu wenig Sauerstoff im Hirn oder Volumenmangelschock kommen?

Volumenmangelschock Stadium 1 (erste Zeichen der Dekompensation) Blutdruck normal, die Haut oft feucht, kühl und blass.

4. Zeichen! Sinas Temperatur hat sich 3° gesenkt (kühl), der Assistenzarzt hat zu ihr gesagt: »Du bleiches Mäuschen.« Habe ich das richtig recherchiert? Verstanden?

Volumenmangelschock Stadium 2 (erste Zeichen der Dekompensation) Halsvenen kollabiert, die Patienten klagen über starken Durst.

5. Zeichen! Sina hat uns genau diese Zeichen gegeben! Was hat der Assistenzarzt nicht verstanden?

Volumenmangelschock Stadium 3 (massive Zeichen der Dekompensation) die Atmung ist flach und schnell, Bewusstseinsstörungen.

6. Zeichen!

Der Arzt fragt Sina, wie es ihr gehe, Sina meint gut und ich sage:»Nein, Sina geht es nicht gut, sie atmet ganz fest und ist unruhig.«Weil Sina so unruhig war, hat Schwester Irena das Gitter auf der Seite des Bettes nach oben geklappt. Der Assistenzarzt meinte, sie atme etwas schnell.

Hätten Sie mich mit Sina zu diesem Zeitpunkt nach Hause geschickt?

Zu Hause angekommen, trinkt sie einen Schluck Wasser und stellt das Glas ab. Beim 2. Schluck giesst sie das Wasser über sich und reagiert gar nicht darauf.

Haben wir da nicht das 7. Zeichen? Bewusstseinsstörungen?

Das alles habe ich, als ich nochmals angerufen habe, dem Assistenzarzt so mitgeteilt. Dies und dass Sina so unruhig ist, dass sie fast aus dem Bett falle.

Nennt man das Verhaltensänderung, Verwirrtheit? Ist das nicht das 8. Zeichen von entzündlichen Veränderungen im Hirn?

Die Entzündung im Körper ist meist schon vorangeschrittener, als dies im Bluttest beim Hausarzt zu erkennen ist. Dieser war 3 Stunden früher, als wir auf dem Notfall eintrafen.

Hätte man einen Bluttest gemacht, wären die Entzündungswerte in dieser Zeit schon angestiegen gewesen?

Ich habe dem Assistenzarzt gesagt, der Bluttest wäre nicht auffällig, dies ohne Wertangaben.

Hätte man nicht einen anderen Test machen können, der mehr über die Entzündungswerte ausgesagt hätte? Wäre der Blutsenkungsreaktionstest eine Alternative gewesen? Welche Information habe ich dem Assistenzarzt gegeben? Meine Worte:»Der Bluttest ist nicht auffällig«, die Worte des Hausarztes, die ihn veranlassten, keinen neuen Bluttest zu machen.

Sina war sehr unruhig, hat ihre Position ständig gewechselt, konnte nicht stehen, liegen, sitzen oder schlafen. Waren das Krampfanfälle? Reagiert der Mensch so auf akute Entzündungen im Körper?

Der Bluttest beim Hausarzt ergab einen Hämatokrit-Wert von 49,6. Bei einer Frau liegen die Werte im Normalfall zwischen 34 und 44.

Ist dieser Wert bei Sina nicht wesentlich erhöht? Ein zu hoher Hämatokrit und Hämoglobin-Wert, dieser war bei Sina 17,3 – normal liegt er zwischen 11,00 und 16,5 – auch zu hoch, also ein Hinweis auf Herz- oder Lungenkrankheiten?

Sina hatte eine Sauerstoffsättigung beim Eintritt von 98%, nach ihrem Kollabieren noch 95%. Beide Werte nicht lebensgefährlich. Der Assistenzarzt hat uns nach der Überwachung mit einer Besserung der abdominellen Symptomatik nach Hause geschickt. Für mich gehen diese Werte nach unten und dies in einem Abstand von einer halben Stunde.

Spricht man nicht von einer Besserung, wenn die Werte nach oben gehen? Hat in diesem Fall Sinas Körper nicht die Zeichen gesendet, die ein Arzt verstehen sollte?

Meine Frage lautet nicht:»Hätte man Sina retten können?« Meine Frage lautet:»Hätte man es nicht versuchen sollen?«

Die Pathologin ging fast jede Frage mit uns durch. Sie konnte die meisten nur mit ja beantworten. Meine Recherchen, mein gesunder Menschenverstand wurden bestätigt. Sina gab wirklich viele Zeichen, doch sie erklärte uns, diese könnten wir nur so eindeutig beantworten, weil wir jetzt wissen, dass sie gestorben ist.

Sie versicherte uns, wären wir ins Kinderspital gefahren,

hätte sie vielleicht eine Viertel-, vielleicht halbe Stunde länger gelebt.

Im Kinderspital hätten sie mich nicht mit Sina nach Hause geschickt, denn wenn eine Mutter mit Sack und Pack ankommt, fühlen sie, da stimmt was nicht. Sie verstehen, niemand kennt sein Kind so gut wie eine Mami. Wir wären geblieben und sie wären zur Stelle gewesen mit ihren Reanimationsgeräten. Wisst ihr eigentlich, was eine Viertelstunde mir noch bedeutet hätte. Ich hätte es realisieren können! Ich hätte meine Sina verabschieden können! Vielleicht hätte sie noch einen Atemzug genommen, ich hätte ihr meine Liebe auf die Reise mitgeben können! Nein, wir waren alleine und ohne Hilfe nach Hause geschickt worden, als wir auf der Suche nach Hilfe waren. Wir lagen in ihrem Bettchen, sie kämpfte um ihr Leben und ich verstand erst, wohin ihre Reise ging, als es zu spät war.

Dieser Abschied wird mir fehlen, bis wir wieder vereint sind, ich mich selbst vom Leben verabschiedet habe.

Die Pathologin erzählt uns auch, dass junge Mädchen in ihrem Alter so manchen Kampf ums Leben verlieren. Der Körper steht mitten in der Pubertät, ist geschwächt, im Körper tut sich viel. Sina sei kein Einzelfall.

Sie machte uns Mut, ein Gespräch mit den Verantwortlichen zu suchen. Ich bin nicht einverstanden mit der Art und Weise, wie Sina und ich nicht verstanden wurden. Sie bot sich uns an, zu einem Gespräch ins Kantonsspital mitzukommen.

Ich halte sehr viel von dieser Frau, in dem Moment war sie ein Engel für mich. Endlich konnte ich es etwas verstehen. Einfach gesagt, es tat so gut, sie zu treffen.

Heute, im Jahr 2015, haben wir den Medien entnommen, dass die Grippeviren nie so aggressiv waren wie 2013.

Dies erklärt die Aggressivität des Käfers, den sich Sina eingefangen hat.

Heute, im Mai 2015, habe ich meinen Weg gefunden. Ich überarbeite mein Buch. Mich beschäftigt es nicht mehr, einen Schuldigen zu finden, ich brauche keinen mehr. Ich habe mir einen eigenen Weg erarbeitet.

Mein, unser Entscheid

Als Sina verstarb, hatte ich am nächsten Tag einen Anruf vom CEO. Heute ist er nicht mehr bei uns im Spital tätig. Er wurde genau einen Tag vor Sinas 1. Todestag vom Thron gestürzt. Mich berührte dies, denn ich mochte ihn sehr gern und tue dies immer noch. Ich denke, ich hatte die Chance, ihn kennenzulernen, so mancher kannte ihn ganz anders. Wir verabredeten uns zu einem Gespräch. Auch mit dem jetzigen CEO, damals Standortleiter, hatte ich regelmässige Gespräche. Natürlich ging es auch um anderes in ihren Gedanken. Sie waren da, um das Spital zu leiten, keine Vorzeige-Werbung, was mit mir und Sina geschah, wir erleben mussten. Ich habe sie immer informiert, Briefe geschrieben, immer mit einbezogen auch der Leitende Arzt der Notfall-Station. Ich war immer offen, über Neues habe ich alle sofort informiert, ganz einfach, ich habe mich fair verhalten und mit offenen Karten gespielt.

So schrieb ich auch den Brief nach dem Besuch auf dem Polizeiposten beim Staatsanwalt.

»Guten Tag, die Herren, CEO,
Standortleiter und Leitender Arzt der Notfallstation
Ich möchte euch auf diesem Weg mitteilen, wie vereinbart, dass wir am Montag den 22.04.13 die Akten von Sina Schaub auf der Staatsanwaltschaft einsehen durften. Ob das Gesuch von dem Leitenden Arzt der Notfallstation auf Einsicht der Akten bewilligt wird, habe ich keine Auskunft bekommen. Dies entscheidet die Staatsanwaltschaft.
Zu einem späteren Zeitpunkt konnte ich dann trotzdem

entscheiden, ob Sie Sinas Akten einsehen dürfen. Natürlich habe ich veranlasst, dass sie zugesendet wurden, da ich es wichtig fand. Ich meinte, dass dies die einzige Möglichkeit ist, daraus zu lernen.

Was ich aus diesen Akten sehr deutlich entnehmen konnte und überhaupt verstanden habe, ist, dass Sina sehr schwer krank war. Ihr Hirn, ihre Lunge und ihr Herz waren von diesem »Käfer« sehr beschädigt. Fragen wir uns »Hätten die Ärzte Sina retten können?«, diese Frage kann vielleicht nie beantwortet werden. Ich denke, die Frage sollte lauten »Wieso hat man es nicht versucht?« Wir wissen, Sina war sehr krank gemäss der Gerichtsmedizin. Ich bin mit dem Schlafanzug, den Hausschuhen, ihrem Pingu zum Schlafen, ein Paar frischen Unterhosen, Socken, Zahnbürste, einfach mit Sack und Pack im Notfall gestanden. Meine kranke Tochter dabei. Ich habe gespürt, etwas kann nicht stimmen, wir wollten einfach Hilfe.

Leider haben die Patienten keinen roten Aufkleber auf den Hautstellen, an denen sie erkrankt sind. Wenn ich vom Hausarzt höre, das Blutbild sei nicht auffällig und dies so weitergebe, weiss ich nicht, was das bedeutet oder wie die Werte jetzt wirklich sind.

Beispiel: Ich frage meine Mutter, ob die Kinder bei ihr lieb waren, sie sagt: »Mir ist nichts aufgefallen.« Ich habe keine genaue Aussage von Ihr. Waren sie jetzt lieb oder hat sie nicht hingesehen?

Sina hatte um 16:00 Uhr 39,2 Grad Fieber, um 19:00 Uhr noch 36,4 Grad, ich weiss, es gibt Kurven, 3 Grad in dieser Zeit ohne Medikamente oder Wadenwickel? Sina ist kollabiert, hatte riesengrosse Pupillen (ich wurde gefragt, ob sie Drogen nehme), ist das nicht ein Zeichen? Stimmt da was nicht? Sina hatte eine Sauerstoffsättigung bei Eintritt von 98%, eine halbe Stunde später 95%, geht das nicht in die falsche Richtung? Sina wird unruhig, atmet plötzlich ganz fest. Der Assistenzarzt widerspricht, etwas hastig, Irena macht uns am Bett die Gitter auf der Seite hoch, damit Sina nicht runterfällt. Sprechen wir wirklich von einer Besserung von Sinas Zustand? Ich verstehe nichts von Medizin, doch Besserung konnte ich nicht sehen.

Der Assistenzarzt kommt zu uns und teilt uns mit, dass Sina nicht auf Station aufgenommen werden kann. Im Computer im Spital ist ersichtlich, dass ich mit Sina mit 5 Jahren eine Nacht auf Station war, Infekt nach Mandel-OP. Wie soll ich auf die Idee kommen, dass ich mit einer 12-Jährigen hier falsch bin? Auf jeden Fall fragte der Assistenzarzt: »Wie geht es dir, Sina?« Wie von einer Tarantel gestochen antwortet sie: »Mir geht es gut«, und ich: »Nein, Sina geht es nicht gut.«

Sina ist zu jung, sie kann nicht auf Station, doch alt genug, um zu entscheiden, ob sie nach Hause kann, ist sie?

Ich liess mich leider trösten mit den Worten: »Die nächsten 6 Stunden passiert nichts, ansonsten nehmen wir Kontakt zum Kinderspital auf.«

Später zu Hause rufe ich nochmals die Notfallstation an. Ich habe Angst um Sina. Ich werde wieder beruhigt, vertröstet oder nicht ernst genommen? Beim 2. Anruf ist es 23:10 Uhr, ich wollte nicht die ganze Geschichte erzählen, ich wusste, ich habe keine Zeit mehr dazu. Logisch ruf ich an, wo man die Geschichte schon kennt. Falsch gedacht! Sina gab kein Lebenszeichen mehr von sich, doch ich musste noch ein 3. Telefon starten! Logisch wollten sie die Geschichte wissen! Doch oh Wunder! Ich wurde ernst genommen und das Telefonat war kurz und führte zum Erfolg, dass an diesem Abend doch noch jemand um Sina kämpfte ausser mir und der Familie.

In meinem Kopf sind Fragen um Fragen. Ich kann Sinas

Tod nicht akzeptieren. Ich verstehe einfach nicht, wie das passieren konnte. Ich frage mich, welche Sprache ich an diesem Abend gesprochen habe. Es konnte mich niemand verstehen. Ich hasse meine ruhige, verständnisvolle Art, Gutgläubigkeit. Ich versuche, jeden Tag zu funktionieren, meine Arbeit zu erledigen und einigermassen meinen Schmerz, Verlust und meine Traurigkeit zu verbergen. Ich habe gehört, dass es gut tun kann, helfen kann, wenn man einen Brief schreibt. Dies habe ich nun getan und habe mich euch mitgeteilt.«

Nachdem ich den Obduktionsbericht gelesen und die Aussagen des Staatsanwalts gehört hatte, konnte ich noch immer nicht eine Spur von dem, was mir geschah, verstehen. Bis wir, wie ich euch oben beschrieben habe, bei der Pathologin waren.«

»Guten Tag CEO, guten Tag, Standortleitung,
ich möchte euch die neuen Informationen über Sinas traurigen Tod nicht vorenthalten. Auch ihr, wie wir alle, habt tausende von Gedanken, wie dies passieren konnte.

Wir wurden heute auf der Gerichtsmedizin von einer Pathologin empfangen. Mit dabei hatten wir unseren Staatsanwalt. Die Pathologin ist eine sehr sympathische und kompetente Ärztin, die uns sehr viel erklären und begreiflich machen konnte. Meine vielen Fragen konnte sie beantworten, in den meisten Fällen hatte ich auch recht, doch nur, weil ich zum jetzigen Zeitpunkt weiss, dass Sina gestorben ist. Im lebenden Zustand von Sina waren diese Fragen nicht so eindeutig. Im lebenden Zustand konnte dies auch durchaus ein Zeichen sein, das sie uns gegeben hat, ein Zeichen für ihre Magen-Darmgrippe. Es sind Handlungen des Arztes auf dem Notfall nicht in Ordnung gewesen. Dies wirft einen dunklen Schatten auf dieses Ereignis. Wir können diesen Arzt aber nur anklagen, wenn wir beweisen können, dass Sina bei einer anderen Behandlung überlebt hätte. Dies können wir nicht, denn Sina hatte einen Virus und keine Bakterien. Gegen einen Virus helfen keine Antibiotika und keine anderen Medikamente. Sina hätte diesen mit eigenen Kräften bekämpfen müssen. Mit ihrem Immunsystem. Wir haben erfahren, dass Kinder zwischen 10 und 14 Jahren ein sehr gefährliches Alter haben, der Körper ist schon sehr mit der pubertären Phase beschäftigt. Wir wissen alle, dass dies bei Sina auch so war. Sie stand schon mitten in ihrer pubertären Phase. Die Körper von Kindern sind in dieser Zeit sehr geschwächt. Sina ist kein Einzelfall, die in dieser Zeit so einen Kampf gegen einen Virus verliert. Wäre ich mit Sina ins Kinderspital, hätte es eine erträglichere Situation ergeben, aber das gleiche Ende, den Tod.

Wir haben uns entschieden, das Verfahren einzustellen. Der Staatsanwalt, wie auch wir, wird darum kämpfen, dass das, was Sina und mir auf dem Notfall passiert ist, nicht mehr passiert. Wir werden mit der Pathologin noch Gespräche führen sowie mit den beteiligten Ärzten wie auch der Leitung.

Das darf auf diese Weise, wie uns das passiert ist, nicht mehr vorkommen.

Sinas Arterie zum Herz war etwas kleiner als normal. Papa, Mike und ich haben uns untersuchen lassen, ob dieser Defekt auch bei uns vorliegt. Wir haben alle positive Ergebnisse erhalten. Sinas Herz musste etwas mehr arbeiten, das hat aber keinen Einfluss auf ihr Ableben. Hätte man diesen Defekt bei Sina vorher entdeckt, hätte man nichts dagegen gemacht, im Alter vielleicht Medikamente gegen Bluthochdruck verabreicht.

Wir sind eigentlich alle froh, nicht jahrelang kämpfen zu müssen. Jetzt dürfen wir uns nämlich um das Wesentliche kümmern, um unseren Schmerz, den Verlust und die Trauer.«

Euphorisch schrieb ich diese Mail nach unserem Besuch auf dem IRM. Die verständliche Erklärung der Pathologin brachte etwas Übersicht über den Wirrwarr in meinem Kopf über den Tod meiner Tochter. Ich konnte zu dieser Zeit etwas mehr verstehen.

Ich begriff, dass Sina wirklich krank war. Sie hatte uns nicht einfach so verlassen, nein, sie war krank, ihr Körper kämpfte gegen einen Käfer, einen bösen Käfer.

Der Staatsanwalt und die Pathologin erklärten uns, wenn wir nicht beweisen könnten, dass Sina heute noch leben würde, wäre dieser Käfer auf dem Notfall entdeckt und diagnostiziert worden, dann wäre niemand schuld an ihrem Tod. Die Pathologin ist der Meinung, dass sie trotzdem gestorben wäre.

Sie hat die Obduktion durchgeführt, sie ist die Gelernte, der Mediziner, Pathologe. Ich verstehe nichts davon, ich kann es auch nicht beweisen, wie auch.

Ich verstehe nicht einmal, dass es so etwas gibt. Für uns, die nicht Medizin studiert haben, gibt es für alles ein Mittelchen, Tabletten oder einfach eine Lösung.

Auf jeden Fall wünschen wir uns dies, denn wer verliert wegen eines Käfers einen geliebten Menschen?

Mir kann niemand beweisen, wären wir zur Beobachtung geblieben, hätte man sie zur richtigen Zeit reanimiert, sie im Kampf unterstützt, wenn dieses Primperan nicht die Kampfschwelle zum Tod begünstigt hätte, ob sie wirklich gestorben wäre.

Am Morgen darauf ging ich mit bester Laune zur Arbeit. Ich wusste, ich werde dem Leitenden Arzt von der Notfallstation sicher über den Weg laufen, dies war auch so. Er erschien zum Mittagessen bei uns im Viva.

Ich halte gerade etwas ein mit schreiben: Viva heisst übersetzt so viel wie Leben.

Ich verabredete mich mit ihm nach dem Essen für ein kurzes Gespräch im Garten. Genau so euphorisch, wie ich die Mails an die Big Bosse vom Spital schrieb, wollte ich ihm mitteilen, dass alles, das lange Warten, Bangen, die Unwissenheit, ein Ende hat.

Wir werden die Akten schliessen lassen und verlangen nur ein letztes Gespräch mit den Betroffenen, die uns an diesem Abend begleitet haben und ihren Chefs.

Eigentlich wollte ich ihm dies in 10 Minuten mitteilen, daraus ergab sich eine Diskussion von 30 Minuten. Danach ging ich weinend nach Hause, fühlte mich genauso unverstanden wie in dieser Nacht. Ich teilte mich mit, sagte, wir schliessen die Akten. Als wir am Diskutieren waren, rief mich der Staatsanwalt zurück. Er konnte mithören, wie ich ihm am Telefon sagte, wir schliessen die Akten.

Ich setzte mich an den PC und schrieb ihm einen Brief:

Guten Tag, Leitender Arzt der Notallstation
Schon wieder ein Brief von mir! Wir hatten am Donnerstag ein Gespräch im Garten des Spitals. Eigentlich ging es mir an diesem Tag gut. Ich hatte das Gespräch mit der Pathologin am Tag vorher. Sie konnte mir so viele Fragen beantworten, erklären und begreiflich machen. Ich lag fast die ganze Nacht auf Donnerstag wach, habe alles in meinem Kopf zurechtgelegt und freute mich einfach auf den Donnerstagmorgen. Denn ich wollte schnellstens alle, Familie und Freunde, über meinen Entscheid informieren und ihnen erklären, dass wir Sina nicht retten konnten, auch nicht, wenn wir Sinas Zeichen, die auch zweideutig gewesen sind, richtig gedeutet hätten. Ich wollte ihnen mitteilen, dass wir uns der Trauer, dem Schmerz und dem Verlust hingeben können sowie meiner Familie sagen, dass ich mich entschlossen habe, Sinas Akten zu schliessen. Unserem Staats-

anwalt habe ich auch Bescheid gegeben, dem ich sogar noch gesagt habe, er müsse Ihnen die Akten zur Einsicht geben. Ich bin zur Arbeit gefahren, in der Hoffnung, Sie zu sehen. Ich wollte doch Ihnen, wie auch dem Team in dieser Nacht auf dem Notfall, die Anspannung und Ungewissheit nehmen.

In der ganzen Zeit der Ungewissheit habe ich mich korrekt verhalten, wann immer ich etwas Neues wusste, habe ich es euch mitgeteilt.

Ich wollte immer, wenn dies alles vorbei ist, dass wir wissen, was passiert ist, mit dem Assistenzarzt und Ihnen reden.

Unsere Pathologin hat uns dazu ermuntert. Sie hat uns gesagt, wir müssen mit euch reden, wir dürfen euch unsere Wut und Enttäuschung mitteilen und ihr müsst dies verkraften können! Ich habe keine Wut, bin einfach nur enttäuscht und fühle mich unverstanden.

Eines kann ich Ihnen sagen, keiner von uns hat ein Interesse, diesen zwei Ärzten die Zukunft »kaputt« zu machen. Ich bin verständlicherweise sehr sensibel, ich möchte mich doch einfach einmal von euch verstanden fühlen. Wenn Sie mir sagen, dies gibt kein offenes Gespräch, denn der Arzt steht mit einem Bein im Gefängnis, je nachdem, was er sagt, ist nämlich meine sarkastische Antwort: »Und ich in der Klapse.« Im Ernst, ich möchte kein Geständnis, es braucht ja keines, ich möchte Verständnis. Wenn Sie mir sagen, der Assistenzarzt braucht einen Rechtsbeistand, haben Sie meine Worte nicht verstanden.

Ich habe mit Hilfe des Staatsanwalts die Akten geschlossen. Können wir dem sinnlosen Tod von Sina nicht ein kleines Stück Sinn geben, indem wir daraus lernen?

Wir arbeiten alle im selben Spital. Tut es uns nicht gut, wenn wir nach dieser anstrengenden Zeit miteinander reden? Möchten wir im Alltag uns nicht begegnen können, ohne immer die negativen Gedanken im Kopf zu haben?

Eines möchte ich Ihnen noch mitteilen, mein Lebenspartner und auch die Lebenspartnerin meines Ex-Mannes werden dabei sein. Denn als Sina 1 Jahr alt war, haben sich Mami und Papi getrennt, unsere neuen Lebenspartner kannten sie seit dem 2. Lebensjahr. Sie haben wie ich und mein Ex sehr viel zu verarbeiten. Mein Lebenspartner hat Sina und mich beim Kampf ums Leben begleitet. Er hat ihr nach dem Ableben noch den Schaum vom Mund gewischt. Diese beiden gehören so wie ich und mein Ex-Mann mit zu diesem Gespräch.

Ich habe Ihnen im letzten Brief schon geschrieben, dass es manchmal gut tut, seine Gedanken niederzuschreiben. Dies habe ich nun wieder getan. Nur weiss ich nicht, wieso ich Ihnen mit diesem Brief die Angst nehme vor dem Gespräch, das wir alle zusammen haben werden. Ich kann nur von mir reden, es ist wirklich nicht einfach für mich, denn es wird mich an all das Erlebte in dieser Nacht erinnern. Ich möchte mit euch reden, muss meinen Kopf beisammen haben und mit den Tränen kämpfen. Am Schluss hoffe ich einfach, es hat allen geholfen, dass dieses Erlebnis jeder auf seine Weise verarbeiten kann. Zusätzlich ist dies sicher nicht eine alltägliche Situation, denn wir arbeiten alle im selben Haus.

Beilage: Meine Fragen, die ich der Pathologin auf dem IRM gestellt habe.

Mit freundlichen Grüssen
Petra Schaub

Sina ist am 14.2 13 gestorben, übrigens für die Behörden am 15.2.13. Für mich hat sie den letzten Atemzug um 23:10 Uhr am 14. genommen. Die Ambulanz hat am 15. um genau 00:15 Uhr ihre Reanimationsversuche abgeschlossen.

Nach dem Brief bekam ich kurz darauf einen Termin mit all den Betroffenen, der Leitung Notfall, der Leitung Medizin und dem Spitalleiter. Die Pathologin hat uns begleitet. Ich fühlte mich sicher mit ihr an meiner Seite.

Ich bereitete mich auf diesen Termin vor, denn ich war sehr nervös, gespannt auf diesen. Ich schrieb alles auf, was ich sagen wollte, denn ich hätte bestimmt die Hälfte vergessen oder wäre dagestanden und hätte kein Wort herausgebracht.

Ich setzte mich hin und schrieb, wusste, dies ist meine Chance, diese konnte ich nicht verpassen oder vermasseln.

Vor den Sommerferien 2013 trafen wir uns alle im Kantonsspital. Die Anwesenden hatten den Spitaldirektor bei sich.

Wir, die Familie von Sina, hatten unser Pathologin mit dabei. Bevor wir kamen, hatte sie schon ein Gespräch mit den Ärzten und der Leitung.

Wir haben uns alle im 6. Stock des Spitals in der Bibliothek Medizin getroffen.

Der Spitalleiter hielt eine Ansprache, danach kam ich zu Wort. Ich konnte mich ausdrücken, meiner Enttäuschung Platz machen. Ich konnte ihnen endlich sagen, wie ich mich nicht verstanden gefühlt habe.

Zum Glück hatte ich alles aufgeschrieben. Ich sass neben Dani und der Pathologin oben am Tisch. Ich las von den drei Seiten, übersetzte meine Zeilen in Mundart und trug es von meinem Herzen aus an die Anwesenden.

– Die Akten von Sina sind geschlossen. Auf die Empfehlung unserer Pathologin und des Staatsanwalts.

– Die Worte des Staatsanwalts: »Ich werde den Verantwortlichen noch mitteilen, dass die Akten geschlossen
sind, aber auf dem Notfall muss sich etwas ändern.«
– Wir hatten auf dem IRM mit der Pathologin ein sehr
gutes Gespräch, sie konnte uns viele Fragen beantworten. Sie hat uns auch zu diesem Gespräch ermuntert.
Sie hat sich auch dazu bereit erklärt, dabei zu sein.
Danke
– Uns wurde erklärt, dass keine grob fahrlässigen Fehler
gemacht worden sind. Was getan wurde oder auch
nicht, fällt nicht ins Gewicht, denn wir können nicht
beweisen, dass Sina heute noch leben würde.
– Wie ich diese Aussagen aufnehme, möchte ich nicht
erläutern. Ich werde lernen, es genauso zu akzeptieren.
– Uns ging es nie um eine Anklage oder Verurteilung, der
Staatsanwalt hat sich ganz von selbst dieses Falls angenommen.
– Ich habe mich unverstanden gefühlt und dieses Gefühl
habe ich immer noch. Genau seit 19 Wochen und 4
Tagen.
– Ich habe mit Sina gekämpft, doch der Kampf um Sina,
bei euch auf dem Notfall, fehlt mir.
– Es wurde eine normale Magen-Darmgrippe diagnostiziert.
– Erbrechen kann auch auf eine Meningitis hinweisen,
obwohl im Bericht steht, dass dieser Befund negativ
sei. Ich habe nicht gesehen, wie dieser Test gemacht
wurde.
– Sina war kurz bewusstlos, sie kam wieder zu sich und
hatte ganz grosse Pupillen. Von da an hatte ich dann
richtig Angst. Für mich bedeutete dies einen Schockzustand. Ich dachte, vielleicht vom Stechen der Infusion. Die Behandelnden dachten vom Schlummerlicht.

Keiner machte einen Pupillenreaktionstest. Es hätte mir doch einfach ein bisschen Angst genommen, wenn ich gesehen hätte, man sorgt sich um Sinas Zustand.

– Im Bericht steht:»Gemäss Mutter sei das Labor blande gewesen inklusive Leukozyten und Entzündungszeichen.« Wer in diesem Raum hat das Gefühl, dass ich als Laie eine solche Aussage über Sinas Bluttest machen kann und ich als Mutter so eine Verantwortung übernehme? Der Hausarzt hat mir gesagt, das Blutbild wäre nicht auffällig, genau so habe ich das auch weitergegeben.

– Welche Aussage von mir hat den Assistenzarzt veranlasst, keinen Bluttest zu machen?

– Im Bericht steht: Patientin konnte selbstständig auf die Toilette gehen. Sina wurde von Irena im Bett zur Toilette geschoben!

– Nach 1,5 h Überwachung und Besserung der abdominellen Symptomatik entliessen wir die Patientin nach Hause. Stimmt! Sina musste nicht mehr erbrechen und konnte wieder trinken. Sie hatte nämlich jetzt ganz andere Symptome: Sie atmete ganz schnell, konnte nicht mehr ruhig liegen, wir mussten das Gitter am Bett hoch machen, damit sie nicht raus fiel. Sie hatte immer noch die grossen Pupillen und eine um 3 % gefallene Sauerstoffsättigung als bei ihrem Eintreffen.

– Wenn ein Kind auf den Kopf fällt, wissen wir Eltern, dass wir uns bei einer Verhaltensänderung des Kindes immer sofort beim Arzt melden müssen.

– Welche Zeichen hat Sina Ihnen gegeben, dass Sie uns nach Hause geschickt haben?

– Auf dem Notfall war nicht viel los, Sina hat niemandem den Platz genommen. Wieso durften wir nicht zur weiteren Überwachung bleiben? Sina ist 1,5 h später gestorben.

– Wieso wurden wir nicht ins Kinderspital überwiesen? Das wäre ja eigentlich so üblich?
– Wieso haben Sie nicht nach meinem Anruf auf dem Notfall reagiert?
– Wieso wurde ich beim 2. Anruf nicht weiter verbunden? Ich musste aufhängen und noch mal wählen. Sina hat bereits nicht mehr geatmet, ich hatte keine Zeit.
– Ich habe mich immer beim behandelnden Arzt gemeldet, ich dachte, ich könnte Zeit sparen, indem ich nicht jedes Mal die Geschichte erzählen muss.
– Ich weiss nicht mehr, wie die Oberärztin aussieht oder heisst. Der Assistenzarzt bekam keinerlei Unterstützung von ihr und ich sah sie nur angelehnt mit gekreuzten Armen in der Tür stehen!
– Sina würde heute trotz allem nicht mehr leben, so wurde mir das erklärt. Ich könnte mir heute aber sagen: die Ärzte haben um sie gekämpft, sie war so sehr krank, sie durfte gehen. Sie hätten mir viele Bilder, die letzte Minute vor Sinas Tod ersparen können!
– 2 Jungs mussten etwas Furchtbares erleben und sehen mit 16 und 17 Jahren. Es gehört zum Leben, doch wünsche ich es niemanden.
– Ich weiss, Sina hat uns Zeichen gegeben, die genau zu Magen-Darmgrippe passen. Ich weiss, Sina hatte einen Virus. Eine Diagnose ist sehr schwer oder nicht möglich in dieser Zeit. Trotz allem habe ich mich im Stich gelassen gefühlt. Es war kein Feingefühl in der Luft auf der Notfall-Station in dieser Nacht. Ich habe den ganzen Abend den behandelnden Ärzten vertraut und mich leider nicht durchgesetzt. Ich wurde in dieser

Nacht 2 Mal nach Hause geschickt und am Telefon beruhigt!

– Ich brauchte Mut, um zu widersprechen, denn Medizin ist nicht meine Materie. Ich hatte gesagt:»Nein, meiner Tochter geht es nicht gut!« Die Worte von Ihnen, dass die nächsten 6 Stunden nichts passieren werde, haben mich dann wieder beruhigt.

– Mein Ziel für dieses Gespräch ist, dass Mütter sowie Angehörige ernst genommen werden.

– Dass Sinas sinnloser Tod einen kleinen Sinn bekommt und ihr daraus lernt.

– Hätte ich einen Wunsch, meine Tochter kann ich mir nicht mehr herzaubern, würde ich mir wünschen, Sie hätten mich ins Kinderspital überwiesen!

Nachdem ich mit Reden fertig war, wurde ich gefragt, ob sie mir meine Fragen beantworten sollen. Ich wollte sie nicht beantwortet haben, denn für mich standen sie nur symbolisch. Die Fragen wurden mir in Gesprächen zuvor von der Pathologin schon beantwortet.

Für mich hat es sehr viel Mut gebraucht, mit allen zu reden. Es war sehr anstrengend.

Unsere Begleitung, die Pathologin, übernahm und fragte mich, ob wir möchten, dass wir uns alle die Hand geben und sich die Ärzte bei jedem einzelnen von uns entschuldigen. Wir waren dafür, ich dachte, dies gibt einen guten Abschluss.

Wie ihr Wesen ist, sagte sie:»Und drückt die Hände nur etwas fester zu, lasst eurer Enttäuschung freien Lauf.«

Ich bewundere sie, sie ist eine taffe Frau für mich.

Zum Schluss tranken wir im Garten des Spitals mit dem Spitalleiter und der Pathologin noch etwas, bevor wir dann nach Hause fuhren. Die Sonne schien, es war richtig schön warm. Fast schon gemütlich, denn jedem von uns war ein grosser Stein vom Herzen gefallen.

Danach konnte ich trauern; dieser Stein war, ist und wird immer schwer genug bleiben. Der Stein, den ich zurücklassen durfte an diesem Nachmittag, machte es mir zukünftig aber etwas erträglicher.

Sina ist beerdigt, über ihren Tod, an was sie gestorben ist, wurde ich aufgeklärt. Die Akten habe ich geschlossen. Ich habe mich über den Verlauf und meine Enttäuschung geäussert und man hat sich bei mir entschuldigt.

10 Wochen lang wusste ich nicht, was geschehen war, weitere 10 Wochen fühlte ich mich so unverstanden, wie in dieser Nacht auf dem Notfall.

Mein Wunsch war, etwas zur Ruhe zu kommen. Ich versuchte, es zu verstehen, versuchte, es zu akzeptieren.

Mich interessierte der Tod. Was ist der Tod?

Ich würde sagen, ich bin ein Realist und habe den Tod realistisch gesehen. Ich fand keinen Frieden, nichts, was mir ihn erklären konnte, nichts, was mir gut tat.

In meinem Leben vor Sinas Tod habe ich schon so oft in schwierigen Zeiten im spirituellen Bereich eine mich beruhigende Theorie gefunden.

Besuch bei einem Medium

Ich las verschiedene Bücher aus der Esoterik. Konzentrierte mich hauptsächlich auf das Thema Medium, denn ich wusste, was ein Medium kann, in seiner Arbeit tut. Es hat die Fähigkeit, den Kontakt zu einem Verstorbenen herzustellen.

Mir fehlte der Abschied von meiner Süssen. Ich machte mir doch so grosse Sorgen, ob es ihr gut geht. Meine Gedanken waren so oft verwirrt und verrückt. Sie machten mich sehr traurig. Ich hatte Schuldgefühle, gab mir die Schuld an ihrem Tod. Ich habe sie doch geboren und ich habe sie doch verloren.

Ich hatte das Gefühl, Sina hat es bei uns nicht gefallen, ich bin ihr keine gute Mutter gewesen. Sie hat es vorgezogen, lieber zu sterben, als bei mir und unserer Familie zu bleiben.

Zwei Wochen, bevor Sina starb, kam sie von der Schule. Es war kalt, es nieselte. Sie hatte ihre Winterjacke offen, stand vor der Tür. Ich war gerade auf dem Weg zum Briefkasten. Als ich sie so mit der offenen Jacke sah, sagte ich zu ihr:»Sina, es ist doch kalt, du holst dir noch den Tod.« Dies ist doch nicht typisch, so eine Aussage mache ich eigentlich nicht. Konnte ich es spüren, habe es nicht begriffen, was passieren wird?

In der Woche zuvor traf ich mich mit meiner Freundin. Sie befasst sich mit der spirituellen Welt, sie ist spirituell. In unseren Gesprächen diskutieren wir viel über dieses Thema. Wir sassen gemütlich beisammen, unser Gespräch drehte sich um unsere Kinder. Wenn wir so reden, gehen wir sehr intensiv auf unsere Gefühle und unser Gespür ein.

An diesem Nachmittag schossen mir die Tränen in die Augen, ich hatte Angst, hatte das Gefühl, ich verliere eines meiner Kinder.

Wenn ich ehrlich bin, hatte ich Angst, meinen Sohn Mike zu verlieren. Er hatte in dieser Zeit eine Phase, die mir Angst machte. Er benahm sich so, dass ich dachte, es passiert ihm etwas.

Spürte ich den Tod in unserer Familie?

Sina hatte so oft Beinschmerzen. Für mich waren das Wachstumsschmerzen. Sie ist für ihr Alter sehr gross gewesen. Ich selber habe als Kind auch sehr oft daran gelitten. Ich glaube, es war ungefähr einen Monat, bevor sie starb. Sie kam am Abend zu mir und klagte über ihre Schmerzen in den Knien. Ich rieb sie ihr mit einer Salbe ein und massierte sie, mir hat dies immer geholfen. Sie legte sich auf das Sofa, sagte zu mir: »Ich sterbe.« Ich konnte diese Aussage nicht einordnen.

Wusste, spürte sie den Tod?

Sina stand voll in der pubertären Phase. Sie wollte mit ihrer Mami nicht mehr kuscheln. Die körperliche Nähe mochte sie nicht mehr so wirklich.

Übrigens, sie war immer mein Klammeräffchen. Sie konnte sich so an einen heranschmiegen. Sie genoss es, wenn ich sie ganz fest in die Arme nahm, als sie kleiner war, eigentlich bis zu ihrer pubertären Phase.

Tage, bevor sie krank wurde, kam sie am Abend zu mir und fragte mich, ob ich sie beim Fernsehen auf dem Sofa in die Arme nehme. Ich habe mich so gefreut, genoss diesen Moment. Mein Mami-Herz fühlte sich so wohltuend an. Ich konnte nicht wissen, dass dies das letzte Mal war, dass ich meine Tochter so friedlich, wohltuend in meinen Armen halte. Himmel Herrgott, haben wir es beide gespürt und wollten es einfach nicht wahrhaben?

Ich las Bücher von einem Medium, lebte mich in diese Materie ein, versuchte zu verstehen. Ich stiess auf ein Medium, dieses konnte mir beim Lesen von seinen Büchern sehr viel begreiflich machen. Ich verstand, wie es funktioniert, welche Fähigkeiten es braucht. Wie und was das Medium empfängt von den Verstorbenen und in Worte fasst für uns, um zu verstehen. Was beachtet werden muss, zum Beispiel, dass der Verstorbene zuerst einmal Zeit braucht, um sich in der geistigen Welt zurechtzufinden und ein Besuch beim Medium in den ersten Monaten nach dem Tod nicht empfehlenswert ist.

Aus dem Volksmund hört man so oft:»Wenn die Zeit gekommen ist, kommt der Tod«, oder:»Nach getaner Arbeit wird man sterben.« Ja gut, sehr realistisch gesehen. Solche Aussagen brachten mich auf die Palme.

Ich fand genau zu diesen Aussagen in der Esoterik die Erklärung. Ich habe mir die realistischen Aussagen, die mich nur wütend machten, mit meinen Gedanken auf eine Art und Weise erklärt, die ich annehmen konnte, die mich nicht wütend macht, die mir Frieden gibt.

Ob dies stimmt, ob du dies, lieber Leser, auch so sehen kannst, es spielt keine Rolle. Ich brauchte einen Weg, ich musste etwas glauben, ich musste an etwas glauben. Dies muss mir Frieden geben, meine Gedanken beruhigen. Ich muss damit weiter leben können.

Es ist gerade sehr schwierig geschrieben, vielleicht lest ihr dies einfach noch mal oder ich gebe euch noch eine einfachere Erklärung. Es ist egal, ob das, woran ihr glaubt, stimmt oder nicht. Ich habe meine Tochter verloren, ich brauche einen Weg oder Plan, mit dem ich weitergehen und leben kann.

Ich werde euch die Aussage:»Nach getaner Arbeit wird man sterben«, erklären, wie ich sie heute verstehe.

145

Vorweg, wütend macht mich, dass ein Mädchen mit 12 Jahren stirbt! Welche getane Arbeit? Ihr Leben war doch so kurz!

Wenn ich zur Welt komme, habe ich ein Ziel, ich weiss, was ich in meinem Leben lernen möchte, wissen möchte. Vielleicht war ich schon mal geboren und habe noch offene Ziele? Ich suche mir eine Mami aus, die dies ertragen kann. Die sich auch Ziele eingepackt hat,

bevor sie zur Welt kam. Die mit meinen Zielen verbunden werden können und jeder auf seine Weise zu seinem Wissen kommt, das er sich als Ziel gesetzt hat. Sina suchte mich aus, sie sah, diese Mami kann mein Sterben verarbeiten, ist dem gewachsen und kommt an ihre Ziele.

Ich weiss heute noch nicht, was ich daraus lernen wollte, welche Ziele ich mit so einem Schicksal anstrebe. Doch irgendwann einmal werde ich es wissen. Ich bin heute eine Andere, denke so vieles anders als vorher.

Sinas Tod hat mich viel gelehrt und mein Denken verändert. Das empfinde ich als positiv. Doch man bedenke, ich wollte es nicht im Bewusstsein, ich musste.

Natürlich konnte ich nicht wissen, dass, damit ich meine Ziele erreiche, meine Sina sterben muss, denn dann hätte ich mir schon leichtere Ziele gesetzt.

Es kommt ein Kind zur Welt, es ist gelähmt, wird sein Leben lang im Rollstuhl sein. Dieses Kind ist nicht böse, es hat nicht eine Strafe bekommen. Es hat Ziele, es hat seine Behinderung, weil es dieser gewachsen ist, die Behinderung ertragen und damit umgehen, leben kann.

Seien wir einmal ehrlich. Wir brauchen für alles eine Erklärung. Wir möchten verstehen und unsere Fragen beantwortet haben. Erst dann sind wir Menschen, zufriedene Menschen. Ich habe meine Fragen in der Esoterik oder im spirituellen Denken gefunden. Ich kann mir meine Fragen so beantworten, auf diese Weise kann ich wieder Freude haben, denn ich muss verkraften, dass ein Teil von mir fehlt, gestorben ist.

Von dem Medium, dessen Bücher ich las, wollte ich keinen Kontakt zu meiner Tochter hergestellt haben. Ich las drei Bücher von ihm. Gestanden hat darin fast immer wieder das gleiche.

Als ich wusste, dass er ein Buch schreibt über Kinder, wie er sie in der Geistigen Welt sieht, freute ich mich riesig darauf und besuchte die Buchvorlesung. Mich hat es enttäuscht. Ich habe mir so viel versprochen, doch wenn man zuvor seine anderen Bücher gelesen hat, steht in diesem Buch auch nichts anderes, als in den anderen. Die mir zwar sehr viel erklärt haben, doch sich immer wieder im Inhalt wiederholten.

Ich war bei einem Vortrag von diesem Medium, doch von da an wusste ich, dieser Mann wird nicht mein Medium sein. Er hat eine Schauspielschule besucht, das kommt auf der Bühne sehr deutlich zum Vorschein. Ich hatte das Gefühl, er möchte uns Trauernden die geistige Welt als Party verkaufen. Eigentlich möchte ich nicht mehr dazu schreiben, denn er wirkt sicher auf jeden Menschen anders.

Meine Gedanken waren einfach, wäre es wirklich so toll, was machen wir denn noch alle hier auf der Erde, auf dieser Welt und in diesem Leben?

Die Adresse von dem Medium, das ich besuchte, hatte ich von meiner spirituellen Freundin. Im Internet habe ich mich informiert. Sehr sympathisch und interessant, was ich über ihn erfahren durfte.

Nach 14 Monaten war ich so weit. Ich wollte noch einen Kontakt mit meiner Tochter. Ich bekam einen Termin im Mai 2014. Ich hatte gerade eine Woche Urlaub, den ich zu Hause verbringen wollte. Es war ein Dienstag, an dem ich das Medium besuchte. Ich nahm mir vor, den Rest dieser Woche mich mit der Verarbeitung dieses Besuchs zu beschäftigen.

Ich freute mich, liess alles auf mich hinzukommen. An diesem Dienstag machte ich mich also auf die Reise, ich fuhr in ein kleines Dörfchen, eine Stunde von uns entfernt. Ich war noch nie vorher da, fuhr also mit Hilfe meines Navigationsgerätes zu dieser Adresse. Ich war sehr gespannt und nervös. Fragte mich, ob sich meine Tochter überhaupt melden möchte. Ich kenne den eigenen Willen meiner Süssen, ihren eigenen Charakter. Ihre Art im lebendigen Leben liess mich ihr Kommen anzweifeln.

Mir wurde von einem Herrn die Tür geöffnet, der Weg führte die Treppe hinunter in ein Zimmerchen. Wir setzten uns einander gegenüber an einen Tisch. Er erklärte mir, was ich zu der Sitzung wissen musste. Er erwähnte noch mal ausdrücklich, dass wer vorbei kommt, nicht in seiner Macht stehe. Dies wusste ich ja schon, doch hatte ich eigentlich nur den grossen Wunsch, meine Tochter zu hören. Er bot mir an, alles auf einer CD aufzunehmen. Es kostete extra, doch dies war mir egal, ich wollte eine CD haben.

Von mir wollte er nichts wissen, schon als ich den Termin vereinbarte nicht. Ich rief an und nannte meinen Namen und dass ich Gebrauch von einem Medium machen möchte.

Lieber Leser, was jetzt kommt, wird schwierig zu verstehen. Für mich auch schwierig zu schreiben. Mein Tipp: sei offen für Neues, lies langsam und lass es wirken.

Ich habe etwas erlebt, eine Erfahrung gemacht. Für so etwas muss man bereit und offen sein. Mein Weg, Frieden zu finden, muss nicht dein Weg sein.

Das Medium teilte mir mit, dass es bereits beim Hineinkommen eine Frau, einen Mann und ein Kind wahrnehmen konnte.

Er beginnt, einen Moment ist es still, er konzentriert sich. Eine Frau, verwandt mütterlicherseits, erzählt von mir. Sie hat so recht in allem, alles, was das Medium mir von ihr erzählt, stimmt. Ich möchte euch diesen Teil verschweigen, denn er ist sehr persönlich, betrifft Personen, die noch unter uns sind.

Am Schluss erzählt sie, dass ich wieder in meinem Leben sehr stark wäre, den Tod meiner Tochter verarbeiten muss. Sie wolle nicht darauf eingehen, denn sie teile uns mit, dass diese sich selber melden möchte.

Es wurde einen Moment still in diesem Raum.

Er konzentrierte sich.

Jetzt konnte er Sina wahrnehmen. Es war meine Tochter, denn es begann und ich konnte, nach dem, was er sagte, sie auch gleich spüren. Es passte so zu ihr.

Sie liess mir ausrichten, dass sie nicht alleine wäre, eine Ungeborene sei bei ihr, sie wäre die grosse Schwester und habe eine Aufgabe.

Das Medium fragte mich, ob ich ein weiteres Kind verloren habe, doch das ist nicht so. Er sagt, es ist eines aus der Familie. Meine Schwester hatte ein solches Schicksal. Ja, hat Sina in der geistigen Welt ihre Cousine oder ihren Cousin, die nie geboren wurden, getroffen?

Das Medium schmunzelte, denn Sina liess ihn ihren Stolz spüren, denn sie hatte die Rolle der grossen Schwester eingenommen.

Sie kommt näher, er nimmt ein feines Gesicht war, geschwächte Person, gezeichnet von den letzten Stunden ihres Lebens. Sie lässt spüren, dass sie gewusst habe, es immer gespürt habe, dass sie nie alt werden würde.

Sie habe verspürt, dass eigentlich ihr Leben sich aufsteigend anfühlen müsste, doch bei ihr dieses Gefühl in die andere Richtung lief.

Sie habe aber eine Nähe von mir verspürt, die sie veranlasst habe, sich keine Gedanken darüber zu machen.
Diese Aussage passt, denn wie oft stand ich bei Sina im
Zimmer und wollte ihr zu verstehen geben, dass sie mit dieser Einstellung nicht durchs Leben gehen kann, sie so nicht
weit kommen würde und nur Schwierigkeiten haben werde.
Sie erklärte, dass sie nicht viele Worte über ihre Gefühle
machte, dies alles auf emotionaler Ebene ablief.
Sie fühlte, dass ich ihr erlaubte, Kind zu sein und nicht
hohe Anforderungen an sie stellte. Sie bedankte sich, dass
sie sein durfte, wie sie war und sich immer geborgen fühlte.
Sie sah es als Geschenk.

Das ist wahr, ich habe schon Vorstellungen, was meine
Kids erreichen könnten, wie sie und was sie werden könnten. Ich habe hohen Respekt davor, dass meine Vorstellungen und Bedürfnisse nicht die gleichen sind, dass die Kinder
eigene Persönlichkeiten sind. Wir besitzen unsere Kinder
nicht. Wir dürfen sie behüten und zu ihnen stehen.

Sina habe gewusst, dass sie mir als Mutter viel zugemu-
tet habe. Sie wäre keine Pflegeleichte gewesen, brauchte
viel Unterstützung und Hilfe. Sie hätte nie das Gefühl
gehabt, es könnte mir zu viel werden, fühlte, ich würde
immer hinter oder zu ihr stehen.

Sina verspürte, dass ihre inneren Organe zu wenig Platz
hatten. Körperlich habe sie das beeinträchtigt, doch sie habe
dieses Gefühl getragen, eine stille Zuversicht, es komme
gut, so wie es kommt.

Sie mochte dies gar nicht hinterfragen. Einfach noch den
Teil leben, den sie noch hatte.

Wenn mich die Sorgen oder die Angst schon fast in eine
Ohnmacht trieben, sah sie noch kein Problem. Verstand sie
die Situation noch lange nicht.

Er fragt mich, ob sie etwas in der Entwicklung zurückgeblieben war. Nicht, dass sie dumm war, den Teil, der verbildet wird durch die Schule, nimmt er wahr, doch einen Teil spürt er, auf was es ankommt im Leben, er verspürt ihre Lebensfreude. Annehmen, was kommt und daran Freude haben und nicht was weiss ich für Ziele haben.

Sie findet nicht, sie habe das super gemacht, sondern findet:»Ich durfte ja ich sein, denn ich musste nicht Zielen hinterher jagen, die ich nicht erreichen konnte oder wollte.« Wir, die Sina kannten, verstehen diese Worte, die uns das Medium von ihr weitergibt.

Sina geht an den Schluss ihres Lebens, das Medium verspürt, wie sich ihr Blut zurückzieht, sie wirkt bleich, als wenn sich ihr Leben zurückgezogen habe. Sie beschreibt, es sei für sie ein langsames Gehen gewesen, sie konnte innerlich den Weg gehen. Sie wäre hellwach, präsent gewesen. Sie ist den Weg nicht nur leidend gegangen, sie habe ihn auch ausgekostet. Vor sich sah sie nicht den Schrecken, was jetzt kommt, sondern sie fügte sich und wusste, es geht jetzt diesen Weg.

Das Medium sagt zu mir:»Ihr müsst dabei gewesen sein, denn es hat damit zu tun, dass sie sich eingebettet, geborgen gefühlt hat. Sie fühlte sich zu Hause, ich bin hier eingebettet, ich muss nicht für irgendetwas kämpfen. Ich werde getragen.« Dies gab eine grosse Entspannung. Sie ist mir enorm dankbar. So traurig wie es gewesen ist, habe sie eine Stärke von mir wahrgenommen. Es ist für sie so entscheidend gewesen, zu spüren, dass ich das schaffen werde.

Wir haben keine grossen Worte mehr miteinander geredet, sie konnte einfach gehen. Sie bemerkt noch, dass sie dankbar ist, nicht im Spital gestorben zu sein. Dies war sehr erleichternd für sie. Bedankt sich, dass ich für sie da war.

Ich bin stolz, dass ich ihr dieses Gefühl gegeben habe, doch dies sicher nur, weil ich bis zum Schluss nicht glauben wollte, nicht ahnen konnte, dass meine Tochter stirbt. Es macht mich glücklich, ihr Halt beim Sterben gewesen zu sein.

Das Medium verspürt immer wieder ihr Blut, die Blutwerte müssten sehr schlecht gewesen sein.

Er fragt mich, ob es Laborwerte gab, denn sie lässt ihn spüren, es habe in ihrem ganzen Blut gesteckt. Sie konnte nicht mehr kämpfen, nur noch hinnehmen.

Sie wäre so schwach gewesen, kämpfen habe keinen Sinn mehr gemacht. Sie habe sich nur noch aufs Innerste konzentriert.

Leider gab es nur die Laborwerte vom Hausarzt, keine Alternativlösung auf dem Notfall. Sie hat sich ja so kalt angefühlt, ihr Körper zentralisierte.

Sie erklärt, dass sie Angst hatte vor dem Atmen, es ihr so schwer fiel, sie immer schwächer wurde und erschlaffte. Sie merkte, dies ist es gewesen, der Wille zum Kampf war erloschen, sie wollte einfach nur gehen.

Das ist Sina! Für sie hat es nicht mehr gestimmt, sie hat es hingenommen und ist gegangen, ohne eine Chance für mich, noch ein kleines Lebenszeichen zu geben.

Sie erklärt mir, dass sie sehr stolz auf ihre Willensstärke gewesen ist und findet, sie habe ihren Lebensbogen gut gefüllt. Sie hatte etwas von ihrem Leben. Für sie stimmt es.

Ich möchte es akzeptieren lernen. Für mich ist sie doch erst 12 Jahre alt.

Sie findet es schön, wie ihre Abdankungsfeier gestaltet wurde, wie gut wir sie kannten. Wir haben es genauso gemacht, wie es ihr wichtig gewesen wäre, wenn sie mit uns darüber gesprochen hätte. In der Auswahl der Musikstücke fühlte sie die Wertschätzung ihr gegenüber.

Sie wurde verabschiedet, es gab ihr ein schönes Gefühl, wie wir dies für sie gestaltet haben.

Sina hörte gerne Gotthard, mochte grosse Feste, genoss es, viele Menschen um sich zu haben. An ihrer Beerdigung war sie mein/unser Ehrengast, mein persönlicher Star.

Sie bedankt sich für das schöne Kleid, sie fühlte sich nicht nur wie ein gestorbenes Kind, nein, wie eine Prinzessin im Sarg, so herausragend.

Das Medium sagt, sie zeigt sich stolz, wie sie vor ihrem Sarg steht. So bin ich, dies zeigt mein Leben und dass es mir geglückt ist.

Es war ihr wichtig, diese Würdigung zu verspüren, was uns geglückt ist trotz Trauer. Dies alles organisiert zu haben ohne grosse Überlegung sei ein grosser Liebesbeweis für sie.

Sina wollte immer ein Star sein. An diesem Tag haben wir einen Star aus ihr gemacht. Wir haben uns von unserem Star verabschiedet.

Sie findet es schön, wie wir in der Familie offen über sie reden, sie immer noch ein Teil von unserer Familie ist. Natürlich wird sie das auch immer bleiben.

Bei mir habe sie von Anfang an das Gefühl gehabt, dass der Kontakt bestehen bleibt. Sie wünsche sich, dass über sie in einer Selbstverständlichkeit geredet werde, es wäre noch eine Befangenheit da, nicht von mir, sondern von meinem Umfeld. Sie weiss auch, dass ich mir das wünsche, wenn es dazu kommt. Auch wenn dies jedes Mal wieder wehtue, spüre sie eine Bereitschaft von mir dazu.

Es würde eine Normalität im Alltag geben und diese würde mir helfen, besser damit umzugehen.

Erst kürzlich habe ich gemeint, jemandem meine Tochter vorzustellen zu müssen. Er hat aufmerksam zugehört, wir haben angeregt darüber miteinander diskutiert. Plötzlich sagte er, er habe das Gefühl, dass ich meine, ich habe dies verdient.

Ojeee, in unserem Haus wird sehr oft über Sina gesprochen, sie ist ein Teil von uns.

Natürlich gelang uns das auch nicht von Anfang an, denn daran mussten wir uns zuerst üben und uns herantasten. Herausfinden, wie es jedes einzelne verträgt. Zuerst war es so, dass keiner dem anderen wehtun mochte. Erklang in einer Stimme von uns der Name Sina, ergaben sich auch so oft Tränen in den Augen des anderen. Er ist liiert mit einem unserer Kinder. Ich wollte einfach nur, dass er uns versteht, dass er weiss, wer und wie sie war, dass er dazu gehört. Versteht, wenn er bei uns ist, von wem wir reden.

Ich kann mit meiner Tochter nicht mehr Diskussionen führen, kann nicht mehr mit ihr streiten. Ich kann mit ihr nicht mehr basteln und keine Ausflüge mehr machen.

Eines kann mir niemand mehr nehmen. Ich kann von ihr reden. Es ist eine Wertschätzung, Liebe, das, was mir geblieben ist. Gespräche und Erinnerungen an sie und von ihr.

Die Worte, Gefühle und Liebe, die mir das Medium von Sina übergab, haben mich beruhigt. Ich fand so viele Erklärungen über ihr Wesen, ihre Gedanken, ihre Art, mit dem Leben umzugehen. Ich spürte und sah die Parallelen zu ihr. Ich kann sie jetzt noch besser verstehen.

Für sie stimmt es.

Mit der Hilfe von einem Medium, der Esoterik und spiritueller Weisheiten habe ich für mich Antworten auf eine einfühlsame Weise gefunden. Im Leben eines Realisten war mir dies nicht möglich, habe ich auch keine Ruhe gefunden.

Würde ich an Gott glauben, hätte er vielleicht auch schöne, tröstende Worte für mich gehabt.

Ein Schicksal, der Tod meiner Tochter, hat in meinem Kopf ein Chaos hinterlassen. Fragen über Fragen. Ich wollte Antworten, wenn auch nicht immer alles beantwortet wird oder beantwortet sein muss.

So viele offene Fragen muss einer zuerst ertragen. Deine Gedanken sind nur noch bei Sina, dein Herz fühlt sich an, als würde es in deiner Brust zerrissen, deine Liebe kannst du nur noch zu ihr senden, kein Halten, kein Streicheln, kein Kuss.

Darüber hinaus die Fragen:»Wieso DU, warum, wohin, warum passiert das mir, habe ich dies verdient, bin ich böse, wieso ist mein Leben so grausam, wieso durfte sie nicht mit uns gemeinsam ihr Leben leben?«

Nächsten Montag habe ich eine OP. Heute war ich beim Anästhesisten, etliche Fragen habe ich beantwortet.

Mit der Hilfe meiner Antworten weiss er, was ihn nächsten Montag erwartet. Er kann voraussehen, was auf ihn zukommt, weiss, was er machen kann oder nicht darf.

Könnt ihr verstehen?

Dieses beruhigende, sichere Gefühl nach beantworteten Fragen.

Nach beantworteten Fragen weiss ich, wo ich sein muss. Wann ich wo sein sollte. Weiss ich, wie ich erscheinen soll, trage keinen Bikini an einer Après-Ski-Party.

Antworten machen so vieles leichter, auch begreiflicher.

So habe auch ich wieder mehr Ruhe gefunden. Ich habe mir meine Fragen auf der Suche nach dem Weg, der für mich stimmt, beantwortet. Ob ihr diesen Weg versteht, ob er für euch stimmt oder ob er mir die wahren Antworten gegeben hat, spielt keine Rolle. Was hat dieser Weg mir gegeben, gebracht?

Mein Leben ist wieder lebenswert.

Sinas Grab

Am Anfang verbrachte ich viel Zeit auf dem Friedhof bei meiner Sina. Es gab Tage, an denen ich schon vor der Arbeit bei ihr vorbeiging.

Ich kniete mich an ihr Grab nieder, weinte, redete mit ihr und stellte ihr unzählige Fragen. Wieso bist du von mir gegangen? Gefiel dir dein Leben bei uns nicht? Wieso du? Wieso meine Tochter?

Diese Fragen sind nun so oft schon in meinem Buch aufgetaucht. Am Grab von ihr lässt man das Ganze, Unfassbare, nicht Erklärbare, heraus.

Wenn ich an ihrem Grab meine Zeit verbringe, verstehe ich so oft nichts mehr von dem, was ich mir im Kopf zurechtgelegt habe. Alles, was ich mir mit Hilfe beigebracht habe, ist einfach weg.

Sina ist für mich die schönste, mutigste, gescheiteste und genialste Tochter dieser Welt. Natürlich mit ihren Tücken, doch sonst wäre es einfach nicht Sina.

Genau dies würde jede Mami auf dieser Erde von ihrer Tochter behaupten, das soll so sein, muss so sein.

Wir Mamis, sorry Papis, ich kann nur von den Gefühlen einer Mami reden, ob Tochter oder Sohn, die eigenen Kinder lieben wir, sie erfüllen uns mit Stolz.

Genau dieses Gefühl und diesen Stolz habe ich, wenn ich vor Sinas Grab stehe oder vor ihm kniee.

Ihr habt es sicher schon erraten. Sinas Grab ist das schönste auf der Welt. Ich bin beim Anblick so gerührt, der Gedanke, dass sie hier unter der Erde liegt, versetzt mich in tiefe Trauer.

So oft vergesse ich, woran ich glaube und was ich alles in dieser Zeit gelernt habe, denn der Schmerz in meinem Herzen ist so oft stärker als mein Glaube an meinen Weg, den ich gefunden habe.

Dich zu vermissen ist etwas ...
das ich lernen musste,
aber nie wollte.

Sina, war ich dir nicht eine gute Mutter? Wieso hast du mich verlassen? Sina, du warst so tapfer an dem Abend, wieso hast du uns nicht gezeigt, wie es dir wirklich ging? Wie es um dich stand?

All diese Fragen kommen wieder.

Ich habe ihr Liebeserklärungen gemacht, erzähle, wie sehr ich sie vermisse. Ich gebe ihr immer Küsse, diese setze ich auf einen Engel, der bei ihr auf dem Grab steht. Diesen Engel hat sie von ihrem Freund bekommen.

In der Zwischenzeit musste Pa diesen Engel bereits restaurieren. Er hat auch veranlasst, dass neben dem Grab von unserer Sina eine Holzbank steht. Handgemacht!

Unter der Bank habe ich eine kleine Schaufel und ein Häckerli deponiert, ich kann ganz spontan ihr Blumenbeet pflegen oder umgestalten.

Töpfli für spontane Blümchen, Mitbringsel stehen bereit. Neben ihrem Grabstein (am Anfang noch ein Kreuz) steht ein Glas mit Teelichtern.

Heute sage ich mir, wenn ich an ihrem Grab sitze, all diese Fragen mich wieder überwältigen, ich in ein tiefes Loch falle und von Herzen weinen kann: Sie hat jede einzelne Träne von mir verdient, ich weine ihr zu Ehren.

Sina hat viele Besucher, bis heute noch, 2 Jahre nach ihrem Tod. Ich komme von der Arbeit und es brennt schon eine Kerze bei ihr.

Ich lass mich immer überraschen, was Neues auf ihrem Grab steht. Selbst gemachte Teelichter, Muscheln aus den Ferien, Steine von unterwegs, Blumen vom Wegrand.

Ich finde immer etwas. Rahel schreibt Briefe an Sina, diese verbrennt sie und deponiert sie in einer blauen Schatulle auf ihrem Grab.

Meiky deponierte die Hälfte seiner Kette, die Sina ihm zur letzten Weihnacht geschenkt hat.

Janine schenkt ihr auf den Geburtstag ihr Freundschaftsband. Dieses kauften sie zusammen in Spanien am Markt, als wir in den Ferien waren.

Es ist so schön für mich mitanzusehen. Jeder vermisst Sina, jeder hat einen Weg gefunden, wie er ihr nahe sein kann. Jeder, der sie gekannt hat und verstehen konnte, vermisst meine Sina.

An ihrem Geburtstag lassen wir Ballone steigen, mit Zettelchen an einer Schnur befestigt, mit unseren Liebeserklärungen an sie.

Hierzu eine Geschichte. An Sinas 2. Geburtstag auf dem Friedhof, ihrem 14. Geburtstag: Wir liessen unsere Ballone zum Himmel steigen. Gotti Caco hatte einen Ballon aus Folie, ein grosser Zettel daran befestigt und lässt ihn steigen. Der Ballon ist so schwer, er fliegt nur zu einem Bauernhof in der Nähe, auf einer Anhöhe und bleibt in einem Stacheldraht hängen.

Michi, der so alt ist wie Sina und mit ihr zur Schule ging, findet ihn. Es regnet, der Ballon ist noch schwerer geworden. Er nimmt ihn nach Hause und lässt ihn trocknen.

Seiner Mutter erzählt er von seinem Fund und dass er, wenn der Regen aufgehört hat, den Ballon zu Sina aufsteigen lasse, damit Sina ihren Zettel von Gotti Caco auch noch lesen kann.

Als ich dies hörte, war ich gerührt.

An ihren Geburtstagen wie auch an ihrem Todestag sieht ihr Grab aus wie am Tage ihrer Beerdigung, geschmückt mit Blumensträussen, Bouquets und Gestecken.

Von mir bekommt sie ein Herz aus Holzrinde, gefüllt mit Steckmoos. Ich schmücke es mit weissen Rosen und Efeu.

Ihren Grabstein bekam sie erst nach einem Jahr. Natürlich sollte es ein besonders schöner sein. Wir haben uns für einen aus zwei Teilen entschieden. Eigentlich sollte er genauso eigen sein, wie unsere Sina eine Eigene war.

Ich habe mir viele Bilder auf dem PC angeschaut. Einen, der mir besonders gefiel, zeigte ich Sinas Pa. Am nächsten Tag bekam ich ein WhatsApp Foto von ihm.

Mit diesem Bild gingen wir zum Bildhauer. Er brachte ein paar Ergänzungen an und fertigte den Grabstein mit unseren und seinen Ideen an. Für mich der Schönste, würdig für Sina.

Fix und fertig sieht er aus, als ob sich zwei Pferde küssen. Sina mochte Pferde.

Seit der ersten Weihnacht steht eine Laterne auf dem Grab. Handgemalt ein Bild aus irgendeinem Kopf, ich weiss noch nicht, wer dies ist, doch Sina muss ihm/ihr sehr viel bedeutet haben.

Weihnachten darauf erhielt ich dieses Foto. Ihr könnt euch nicht vorstellen, was mir dies bedeutet.

Liebe Ronja, Sina hatte dich sehr lieb. Ich weiss, sie ist sehr stolz auf dieses Tattoo.

Mike wollte schon mit 13 Jahren ein Tattoo machen, natürlich hatte ich in diesem Alter etwas dagegen, zu einem späteren Zeitpunkt, wenn er etwas älter wäre, hätte ich nichts dagegen. Seine Idee! Er wollte den Namen Sina auf seinen Unterarm tätowieren. Sina sollte die Vorlage für ihn schreiben und genau so wollte er es haben.

Als seine Schwester starb, war er noch keine 16 Jahre alt. Wir sind davon ausgegangen, dass sie noch lange Zeit hätte, um diese Vorlage zu machen.

Nach dem Tod war es Mikes einziger Wunsch, den Namen seiner Schwester auf seinem Arm zu tragen. Ich hatte keine Einwände mehr und unterstützte seinen sehnlichsten Wunsch.

Ich selber habe ein Tattoo. Ich wollte schon lange ein zweites haben, fand aber nie das richtige Motiv. Als ich das Handy von Sina durchstöberte, entdeckte ich ein Foto, ihr Auge. Von da an wusste ich, dies wird meine Vorlage sein. Sina mochte die Farbe blau und liebte Schmetterlinge. Ich brachte die Idee und der Tätowierer zeichnete ein Kunstwerk daraus.

 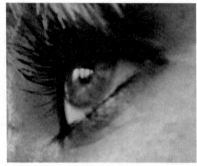

Timm sah dieses Tattoo und konnte gerade sagen, wo sie gestanden hat, als sie dieses Foto machte. Diese hellen Spiegel in ihrem Auge sind unsere Fenster in der Stube. Mit der Zeit können wir plötzlich kleine Rätsel lösen.

»Live Wire«, die Band, in der Papa spielt. Sina hatte sie so oft an ihren Konzerten begleitet, sie spielten zu Ehren von ihr ein Stück.

Eine liebe Kollegin von Mike kann sehr schöne Bilder malen. Ich gab ihr das schöne Foto von Sina und fragte, ob sie mir ein Portrait von ihr für mich malen könnte.

Einfach wunderschön. Die Augen schauen mich an, es sind die meiner Tochter Sina.

Ich bin so froh, mich für eine Erdbestattung entschieden zu haben. Ich habe einen Ort, den ich mit vielen Besuchern teilen kann. Zum Glück, denn ich sehe, meine Tochter geht nicht vergessen, wenn ich komme, brennt ein Lichtlein, eine neue Gabe wurde auf ihr Grab gelegt, es tut mir einfach gut, denn am Anfang hatte ich grosse Angst, Sina geht vergessen.

So oft wusste ich nicht wohin, war traurig, verzweifelt, und ich fiel in eines meiner Löcher. Bei Sina am Grab bin ich immer willkommen, meine Tränen stören niemand, ich kann einfach alles rauslassen.

Ich sitze auf der Bank, rede mit ihr, spiele ihr meine neuen Lieblings-Songs auf dem Handy vor und zünde jedes Teelicht und jede Laterne an. Wenn ich bei ihr war, hat es meistens keine Kerzen mehr im Glas. Dies habe ich mittlerweile geändert, ich hab meine Kerzen im Auto.

Für mich ist der Friedhof einer der Schönsten, klein und fein. Es brennen immer viele Lichter auf den Gräbern, ich fühle mich nie alleine, wenn ich dort bin.

Die vielen Geschenke, die Sina bekommen hat, bewahre ich zuhause auf der Couch in einer Schatzkiste auf. Von Zeit zu Zeit bringe ich ihr wieder etwas zurück und nehme etwas anderes wieder mit.

Die Blumen oder Pflänzlein aus den vielen Bouquets pflanze ich zu Hause in unseren Garten, wenn sie auf dem Grab verblüht sind.

Diese Trauerweide bekam sie zu ihrer Bestattung in einem Topf mit Blumen verziert neben das Grab gestellt.

Jetzt dekoriert sie unseren Garten. Ich hege und pflege jede Gabe.

Von Sinas Schulkameraden und ihrer Lehrerin bekam ich eine Trauerweide geschenkt mit vielen lieben Brieflein daran und Zeichnungen.

Ist sie nicht wunderschön? Ich pflege sie, sie ist mir sehr wertvoll, denn sie ist von den Kindern, die sie zuletzt am meisten sahen. In der Schule sitzend, verbrachte meine Sina sehr viel Zeit am Tag mit ihren Klassenkameraden.

Sie hatten viele Briefchen und Zeichnungen daran befestigt.

Eine sehr schöne, gut tuende Geste von ihrer Klasse.

Eine wahre liebe zu finden ist nicht
einfach sie fest zu halten ist schwer und
sie zu verlieren ist eine qual aber dan
wieder die gleiche person zu gewinnen
ist einfach fast unmöglich ♡

Das leben ist nicht ein ewiger schlabber
man muss sich dadurch kempfen und das
glück gewinnen mann ist glücklich manchmal
traurig manchmal macht man sich und
manchmal ist man braf aber wen man will
richter get dan brobles alles das es wieder
raul get und gebe nie alle hoffnung auf es
kommt wieder gutt und deine freunde helfen
dier immer aber du must ihnen auch helfen
es ist ein geben und ein nemen. Gebei nie die
hoffnung auf und lebe dein leben ♡∞

Einen Freund muss man gewinnen und lieben er kann dir helfen und du ihm aber du musst ihm zeit lassen und ihn nicht stressen wen du ihn richtig liebst dan ist er sogar dein herz halte ihn so lang fest wie du kannst und wen du ihn verlierst mach alles das du ihn wieder gewinnst wen du ein fehler machst überzeuge ihn das es nie mehr passiert und das es ein fehler war wenn er ein fehler macht rede mit ihm und gebe ihn nicht so schnell auf weil es ist ein teil von dir und wen er weg ist, ist er weg und dan fehlt ein teil in deinem herz. also versuche alles und liebe ihn ♡

Die Lehrerin von Sina schrieb eine Englisch-Arbeit mit ihren Schülern. Sie schrieb auf Deutsch und auf der Rückseite die Kinder in Englisch.

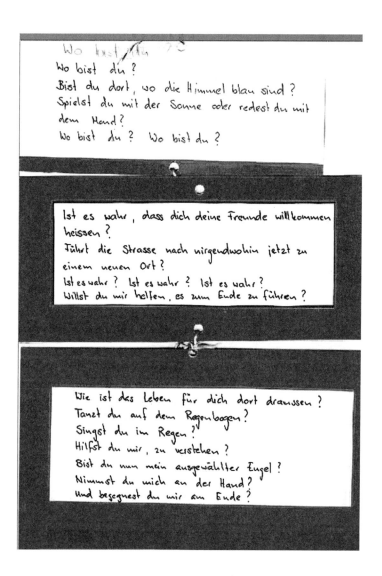

Wo bist du?
Bist du dort, wo die Himmel blau sind?
Spielst du mit der Sonne oder redest du mit dem Mond?
Wo bist du? Wo bist du?

Ist es wahr, dass dich deine Freunde willkommen heissen?
Führt die Strasse nach nirgendwohin jetzt zu einem neuen Ort?
Ist es wahr? Ist es wahr? Ist es wahr?
Willst du mir helfen, es zum Ende zu führen?

Wie ist das Leben für dich dort draussen?
Tanzt du auf dem Regenbogen?
Singst du im Regen?
Hilfst du mir, zu verstehen?
Bist du nun mein ausgewählter Engel?
Nimmst du mich an der Hand?
Und begegnest du mir am Ende?

Aus dem Schulzimmer, das Sina ein halbes Jahr vorher verliess. Von der Primarschule bekam ich einen schönen Karton voller Basteleien und Briefchen.

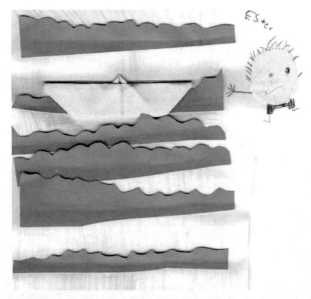

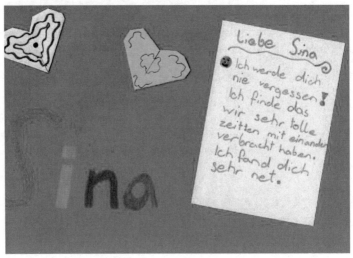

Wie denke ich heute?

In den französischen Alpen stürzt ein Flugzeug ab, alle 144 Passagiere sind tot.

Ich warte auf einen entsetzlichen Schrecken bei mir, denn vor Sinas Tod hätte ich so reagiert. Ich hätte es in meinem Körper gespürt. Ein ohnmachtartiges Gefühl von Mitleid.

Heute hör ich so etwas, in Ruhe geht dies durch meinen Kopf, ich mache mir klare Gedanken darüber.

Zu gut weiss ich, was die Hinterbliebenen jetzt durchmachen, wie sie von vielen Fragen geplagt werden, Wut und Frust kommen auf. Sie weinen, können nicht schlafen. Die Gedanken drehen sich nur um die verlorene Person. Sie war gesund, das Leben stand noch vor ihr, sie war doch auf dem Weg nach Hause.

Vor Erschöpfung denkt man, es geht nicht mehr weiter, dies war's auch für mich.

Heute habe ich den Glauben, dass auch diese Menschen, die bei diesem Absturz das Liebste verloren haben, einen Weg finden, denn der liegt vor ihnen, er muss einfach gegangen werden. Dies braucht Zeit und viel Kraft. Früher hätte ich Mitleid mit ihnen gehabt, heute wünsche ich ihnen die Zeit und Kraft, die sie brauchen.

Mitleid tut nicht gut in dem Moment, denn man bemitleidet sich schon selber. Mir halfen Zeit und Verständnis, dies konnte ich in die Kraft umwandeln, mit der ich meinen heutigen Weg beschreite.

Auf Sinas Handy fand ich im WhatsApp-Status den Spruch:

»Die Vergangenheit ist gestern
lebe dein Leben heute
und schau nicht mehr zurück.«

Sina war 12 Jahre alt, sie hat den Spruch sicher nicht für sich gepostet. Vielleicht für mich? Diese Fluggesellschaft ist riesig, bestehend aus vielen einzelnen kleineren Gesellschaften. Die grosse Gesellschaft mit dieser einzelnen kleinen Gesellschaft muss geradestehen. Es werden Anforderungen auf sie zukommen. Ist die Anforderung zu gross, ich nehme an, es werden Geldbeträge sein, wird die kleine Gesellschaft abgeschossen, zum Schutze der grossen Gesellschaft.

Ich habe dieses tragische Unglück nicht weiter verfolgt, das waren einfach meine ersten Gedanken, die ich mir darüber gemacht habe.

In meinem Fall muss niemand seine Unschuld beweisen, solange er nicht schuld ist.

Ich glaube, ich habe es einfach miteinander verglichen.

Heute mache ich mir keine Gedanken mehr, wie und wer schuldig sein könnte oder ist. Heute trage ich mein Schicksal, vermisse meine Tochter und geniesse meine wunderbaren Erinnerungen an schöne Momente mit ihr. Wie schön wir es zusammen hatten. Ich geniesse meine grosse Liebe zu ihr.

Es war nie meine Absicht, die Karriere einer beteiligten Person zu gefährden.

Natürlich kann man sich nicht alles gefallen lassen, ich möchte einfach sagen, dass die Zeit und der Kraftaufwand, den man hinein investiert, enorm sind. Ich habe ganz schnell begriffen, meine Sina kommt trotzdem nicht mehr zurück.

Wir können nur den Weg der Zukunft beschreiten, es ist nicht möglich, in die Vergangenheit zu reisen. Wir brauchen nicht zurückzublicken, denn die verlorene Liebe ist stetig bei uns. Sie beschreitet mit uns den Weg der Zukunft.

Wie zerstörend beschäftigte ich mich mit dem Gedanken ganz am Anfang meiner Reise, dass ich irgendetwas von Sina vergessen könnte. Ich bin so stolz, beim Schreiben kommen mir sehr oft Dinge in den Sinn, ich wusste nicht einmal, dass ich diese noch weiss. Ich kannte Sina so gut, war immer aufmerksam bei ihr. Es fühlt sich auf meinem Weg, das Leben weiter zu leben, gut an. Sie lebt in mir weiter, sie ist präsent und mischt sich in meinen Gedanken oft auch ein. Wie oft denke ich in einer Situation, wie hätte dies Sina gemacht oder gesehen. So oft muss ich schmunzeln, wenn ich mir vorgestellt habe, wie sie es geregelt hätte. Ich ziehe es meistens vor, etwas auf meine Weise zu regeln, denn ihr wisst bereits vieles von ihr und könnt mich mittlerweile verstehen.

Ich habe ihren Tod akzeptiert, habe mir viele Fragen auf meine Art zu verstehen gegeben. Ich kann heute jeden Gedanken an sie geniessen, es macht mich nicht mehr nur noch traurig, und wenn, dann geniesse ich die Tränen, die ich für sie über meine Wangen herunter kollern lasse.

Der Schmerz ist mir geblieben. Ich lerne stetig, mit ihm besser klar zu kommen.

Erst vor kurzem sass ich am Grab von ihr, ich weinte. Plötzlich dieser grosse zerreissende Schmerz in meinem ganzen Körper. Ich wollte nur noch zu ihr, wollte sie sehen, halten, streicheln. Die Gedanken in meinem Kopf, wie ungerecht dieses Leben ist. Wenn ich bei meiner Sina sein möchte, kann ich nicht bei meinem Sohn sein, bin ich bei meinem Mike, kann ich nicht bei meiner Tochter sein. Diese Tiefs, diese dunklen Löcher habe ich immer wieder. Ich habe gelernt, sie anzunehmen und wieder aus dem Loch auszusteigen. Es kostet viele meiner Kräfte, doch im Nachhinein habe ich das Gefühl, dadurch wieder weitere Kräfte zu gewinnen.

Eines möchte ich aber schon noch in Sachen Zeit, Kraft und Kosten klären, die auf einen Trauernden zukommen. Wir Betroffenen müssen nicht nur unser Schicksal tragen. Nein! All die anfallende Zeit wie Verarbeitung, Therapien und anfallende Kosten gehen zu Lasten des Schicksalsträgers.

Für vieles sind wir heutzutage zum Glück gut versichert.

Mein Hirn im Bewusstsein ist mit viel Zeit und Arbeit wieder imstande, ein normales Leben zu führen. In der Nacht spielt es mir noch übel mit, denn ich krampfe seit einem Jahr mit meinem Kiefer. Dabei mache ich mir meine Zähne kaputt. Ich besuche eine Therapie, denn mein Kiefer schmerzt, stresst mich im Alltag. Meine Kiefermuskulatur kann nicht mehr loslassen. Die Therapie übernimmt die Krankenkasse und ich wieder die stolzen 10%. Den Zahnarzt muss ich selber bezahlen, denn dies sind zum Teil auch schon geflickte Zähne, die abgebrochen sind, aber noch ganz wären, wenn ich nicht krampfen würde. Doch dies sieht meine Krankenkasse nicht ein, denn zwei Ärzte haben meine Unterlagen genauestens studiert und sind zum Entschluss gekommen, diese Kosten mir nicht gut zu sprechen. Ich kenne diese Ärzte nicht, sie mich auch nicht. Meine Psychiaterin, die mich seit zwei Jahren kennt, hat ihnen ein Gutachten von meinem Fall geschrieben, sie über mein Problem und ihre Diagnose informiert. Nur haben meine Psychiaterin wie auch ich vergessen, dass meine Zähne schon in die Jahre gekommen sind, so wie ich. Ich muss schmunzeln beim Schreiben meiner Zeilen, denn sonst kämen mir die Tränen und die gehören nur meiner Sina und sicher nicht denen.

Auch die zwei Zähne, die ich ziehen lassen musste, weil ich sie in den Knochen gestossen habe und ein Infekt daraus entstand. Diese sollte ich eigentlich durch Stiftzähne ersetzen, denn ich kann nur noch auf einer Seite kauen und das unterstützt die Heilung meiner Muskulatur gar nicht. Diese Stiftzähne werde ich selber bezahlen. Versteht irgendjemand den Sinn? Würde ich noch jahrelang zur Therapie gehen, bekäme ich vielleicht diese bezahlt, doch die Stiftzähne, die eine Therapie überflüssig machen, nicht.

Durch Sinas Tod musste ich viel in meinem Leben erfahren, von Paragrafen weiss ich leider nichts. Doch würde ich mich bei meiner Versicherung melden, um meine Zähne zu versichern, ich glaube, sie würden mich nicht nehmen. Ihre Einwände wären:»Frau Schaub, Sie haben Ihre Tochter verloren, dies verursacht Ihnen Probleme in der Nacht, indem Sie Ihren Kiefer fest aufeinander pressen und Ihre Zähne dadurch beschädigen. Zudem liegt uns ein Gutachten von eurer Psychiaterin vor. Aus diesen GUTEN Gründen werden wir Ihren Antrag zur Versicherung Ihrer Zähne ablehnen.«

Ganz ehrlich! Könnt ihr mit mir mitlachen?

Geld und Verständnis von den Versicherungen bringt einen Verstorbenen nicht zurück, würde aber den Betroffenen eine Last abnehmen und sie könnten sich nur der Trauer und der Verarbeitung widmen.

Dieses Kapitel heisst»Wie denke ich heute?«. Auf den nächsten Seiten könnte ich es auch umbenennen. Wie denken unsere Mitmenschen und wie ziehen sie uns Betroffene zum Teil auch nach unten.

Mein Schicksal, der Tod meiner Tochter, finde ich nicht nur negativ. Nein, auch Positives ist entstanden mit der Verarbeitung meines Schicksals.

Diese Aussage ist sehr schwer zu verstehen und ich

möchte gleich dazu sagen, ich würde liebend gerne auf solch eine Erfahrung verzichten, könnte ich meine Sina zurück haben.

Ich werde dieses Jahr im August 2015 doch noch einmal heiraten. Ich habe immer gesagt, nein, nie wieder. Mein Lebenspartner und ich haben einiges im Vorfeld gemeinsam durchgestanden. Im Jahr 2013 stirbt meine Tochter. Ich bin nicht mehr dieselbe, für ganz lange Zeit konnte ich nicht mehr eine Frau sein, denn für Sex und Liebkosungen war ich nicht mehr zu haben. Sex spielt sich im Kopf ab, diesen Platz nahm Sina für ganz lange Zeit für sich in Anspruch.

Ich konnte Nähe nicht mehr ertragen, anfassen, auch nur eine Umarmung war mir zu viel. Ich weinte Tage und Wochen, ich ertrug es nicht, wenn mich jemand trösten wollte.

Zum Beispiel, eines meiner Kinder fiel um und verletzte sich, hatte eine Schürfwunde. Ich nahm es in den Arm, spendete Trost und es hörte auf zu weinen.

Ich bin kein Kind mehr, ich habe meine Tochter verloren, ich wollte nicht aufhören zu weinen, ich wollte ganz einfach meinen Tränen freien Lauf lassen. An dem Punkt gab es für mich noch keinen Trost, nur Schmerz und Sehnsucht.

Ich bekam nichts mehr auf die Reihe. Den Haushalt konnte ich nicht mehr machen. Ich klebte am Küchentisch, wenn jemand etwas von mir wollte, musste er herkommen.

Mein Lebenspartner gab mir dieses Verständnis und Zeit. Tönt jetzt einfach, glaubt mir, es tönt nur so. Wir hatten viel Stress in dieser Zeit. Mann und Frau trauern nicht auf die gleiche Art. Zum Teil haben wir uns überhaupt nicht mehr verstanden. Schwierig war auch für uns, dass es selten so war, dass wir gerade zur gleichen Zeit in einem Loch sassen.

Für mich hiess das, wenn es mir an einem Tag etwas besser ging, konnte ich es nicht geniessen, weil es oft vorkam, dass genau dann Dani in einem Loch sass, und umgekehrt. Die Schwierigkeiten zuvor in unserer Beziehung, dann die gemeinsame Verarbeitung des Todes meiner Tochter, dies alles gemeinsam zu verarbeiten und am Schluss gemeinsam zu überstehen. Was kann uns noch trennen?

An der Liebe fehlte es nie, doch einander zu ertragen, den anderen zu sehen in der Trauer, die Momente der Ohnmacht machten es uns schwer, an eine gemeinsame Zeit zu glauben.

Heute haben wir einen guten Weg gefunden, den möchten wir besiegeln mit unserer Heirat. Zudem muss ich euch nicht erzählen, was für uns Familie heute bedeutet.

Mike hat eine Lehre abgeschlossen und macht noch 2 Jahre weiter. Er ist erwachsen geworden. Einerseits ist er zwei Jahre älter, andererseits ist auch er an unserem Schicksal gewachsen. Im Jahr 2012, Sina weilte noch unter uns, hatte ich den Draht zu Mike verloren. Für ihn war das Familienleben sehr anstrengend, er sah nicht den gleichen Sinn darin, wie wir alle anderen.

Etwas kitschig geschrieben von mir, aber Sina war insgeheim sein Schutzengel. Wollte auch sie ihn mit ihrem Verschwinden die Lehre des Lebens lehren?

Wir wollten dieses Haus, in dem wir wohnen, kaufen, denn hier hat meine Tochter gelebt, hier in diesem Haus ist sie gestorben. Wer begreift nicht, dass wir auf diesem Grundstück bleiben möchten?

Ich ihre Mami bleiben möchte?

Dieses Haus, wie auch das Grundstück, steht nicht zum Verkauf. Schon wieder muss ich etwas akzeptieren und verarbeiten.

Als Sina auf dem Friedhof in unserem Dorf beerdigt wurde, habe ich sie hier verewigt, ihre Ruhestätte. Ich kann mich nicht einfach fortbewegen. Ich gehöre genau auch hier hin.

Was habe ich anderes von ihr, ich kann von ihr reden, habe wunderschöne Erinnerungen und ihre Ruhestätte, ihr Grab. Dieses darf ich hegen und pflegen. Es ist auch ein wunderschöner Ort zum Plaudern, um Sorgen loszuwerden. Ich kann von Herzen weinen und niemand möchte mich trösten, ich kann es herauslassen, ohne ein Gefühl zu haben, jetzt reicht's.

Wer könnte dies nicht verstehen?

Ich möchte hier in diesem Dorf bleiben. Das Haus, in dem wir wohnen, ist baufällig. Die Wohnsituation mit zwei erwachsenen Jungs ist nicht optimal. Privatsphäre gibt es hier nicht wirklich. Die Wände bestehen aus Täfer und etwas Isolierwolle.

Genau diese Gründe machen es schwierig für Aussenstehende, zu begreifen, dass ich unbedingt hier bleiben möchte. In diesem Haus, auf diesem Grundstück. Meine Tochter musste ich loslassen, es mit viel Mühe und Arbeiten erlernen. Wieso muss ich den Platz, an dem sie vom Kleinkind zum Teenager heranwuchs, auch noch loslassen? Hier habe ich die Erinnerung an sie, wie sie auf dem Nussbaum auf der Weide mit Kora picknickte, in der Stube mit Olivia Disco veranstaltete und sich mit Janine die Nächte mit DVD's um die Ohren schlug. Hier hatten wir gemeinsam Spass, auch unsere Machtkämpfe miteinander ausgetragen.

Wir müssen etwas anderes, Geeigneteres suchen. Möchten aber auch etwas Eigenes haben, unsere Wurzeln sollen in diesem Dorf den Boden fassen.

Dieses Haus ist aus familiären Gründen nicht zu haben und wer könnte dies besser verstehen als ich. Familie wird bei mir gross geschrieben.

Wir haben Land gefunden und konnten es auch für uns

ergattern, hier in dem Dorf, in der Nähe von unserem jetzigen Haus. Wir hatten doch einfach das Glück einmal auch auf unserer Seite. Dies ist mein grosser Trost beim Loslassen des Platzes, an dem Sina lebte.

Ich schreibe dieses Buch und ihr müsst wissen, Rechtschreibung ist nicht meine Stärke, formulieren schon. Vorher hätte ich nie eine solche Herausforderung angenommen, nie im Traum gedacht, dass ich so etwas kann. Ich mach es mir nicht leicht, denn ich gehe beim Schreiben jede einzelne Szene noch einmal durch. Ich weine, starre in eine Ecke, sitze live in der Situation, die ich gerade schreibe, mittendrin.

Schreibe ich nicht gerade an meinem Buch, in meinem Kopf schreibe ich stetig weiter, bin ich unterwegs oder gerade bei der Arbeit. Ich kann meine Gedanken beherrschen, Konzentration bei der Arbeit und nebenbei trotzdem am Buch arbeiten. Jeder in unserer Familie hat Verständnis, bin ich am Schreiben und möchte ein Kapitel zu Ende bringen, wird einfach später gegessen.

Vorher wusste ich nicht so eindeutig, dass ich mein Hirn und die Gedanken steuern kann. Ich habe gelernt, die Trauer, kommt sie nicht gelegen, zu verschieben. Meine Höhen und Tiefen zu steuern. Eines, die Trauer muss ich zulassen, wenn ich bereit bin und der Ort gelegen kommt. Meine Tiefen brauche ich, ich kann sie nicht abstreiten, denn sonst beherrschen sie mich. Ich lege sie auf Momente, in denen ich damit umgehen kann und Zeit dazu habe. Ich empfinde die Trauer oder Tiefen, meine Verfassung, je nach Tagesform, nicht mehr schlimm. Ich widme sie meiner Sina und sage mir, sie hat sie verdient, jede Träne fliesst zu Ehren von ihr.

Die Frau Pfarrer, die Sina beerdigen durfte, sagte zu mir im Gespräch:»Frau Schaub, eure Tochter wird – wenn die

Zeit gekommen ist, bei Ihnen einen Platz haben wie ein Nest von einem Vogel in einer Baumkrone.«

Ich habe das Nest, den Platz in mir, für meine Süsse gefunden. Es ist schwierig zu verstehen, doch es euch zu erklären, ebenso.

Ich wollte es nicht bewusst, doch habe ich es in meinen Rucksack gepackt und wollte etwas daraus lernen. Dies habe ich euch im Kapitel Esoterik erklärt.

Ich habe eine Erfahrung gemacht und muss ein Schicksal tragen, an diesem musste ich wachsen. Ich habe Jahre daran gearbeitet und darf heute Früchte ernten.

Mein Bruder, Sinas Götti, sagt:»Sina wurde geschickt, um uns zu lehren.«

Ein Beispiel von mir: Eine Hausfrau, Mami, ihre Kinder am Studieren, ihr Mann hat einen guten Job, Wohlstand herrscht. Dieser Mami ist ein Fingernagel abgebrochen, das Problem ist, fahre ich mit dem BMW oder Mercedes ins Nagelstudio? So eine Hausfrau, Mami muss nicht lernen, über sich hinauszuwachsen, denn mit beiden Autos erreicht sie ihr Ziel.

Ich mag ihr das gönnen, finde es schön, es gibt Leben mit einfacheren Problemen. Ich denke, diese Hausfrau hatte, als sie zur Welt kam, nicht wirklich einen schweren Rucksack.

Es gibt dicke, dünne und dürre Menschen. Es gibt kleine und grosse Menschen. Es gibt humorreiche wie eher witzlose Menschen, solche mit grossen Problemen und kleineren.

Ich glaube, diese Herausforderung brauchen wir. Genau dies macht alle Menschen auf ihre Weise besonders, denn jeder muss mit seinem Problem zurechtkommen und braucht Verständnis für den anderen.

Ich habe heute zum Teil Probleme, wenn ich eine Diskussion höre, bei der es sich darum handelt, dass eine

Mitarbeiterin etwas vergessen hat zu erledigen. Dies wurde rechtzeitig erkannt und es wurde noch in Ordnung gebracht.

Ich verstehe nicht, dass die Mitarbeiterin jetzt im Gespräch steht, denn es ist nichts passiert, andere haben reagiert.

Hätte man nicht reagiert, der Kunde hätte reklamiert, wäre es für mich auch ein Problem gewesen.

Ich musste wieder lernen, auch kleineren Problemen Aufmerksamkeit zu schenken. Ich musste lernen, fair zu sein, den Tod meiner Tochter nicht als oberstes Problem zu sehen. Es gibt Mitmenschen, die haben keine anderen Probleme. Denen ist es wichtig, dass sie sich z. B. auf ihren Mitarbeiter verlassen können.

Ich habe wieder gelernt, dass wenn einer meiner Mitmenschen ein Problem hat, das für ihn ein Problem ist, das kann ich wieder respektieren. Ich selber sehe lange nicht mehr überall Probleme, an denen ich mich aufbauschen kann. Meine objektive Art zu sehen hat viel höhere Grenzen bekommen, seit ich den Tod meiner Tochter zu akzeptieren lernen musste.

Einer unserer Söhne kommt nach Hause. Wir erkundigen uns nach seinem Befinden. Er senkt den Kopf und verkündet, er habe gestern einen Crash mit dem Auto gemacht. Er hat ein Problem, denn die Kosten, die auf ihn zukommen, kann er nicht zahlen, dazu ist ihm das Gefühl, dass ihm etwas passierte, unangenehm.

In so einem Fall sehe ich noch lange kein Problem, denn für mich ist das wichtigste, dass ihm nichts passiert ist. Selbst wenn ich für ihn Kosten übernehmen müsste und ich dafür, sagen wir, nicht meine geplanten Ferien antreten könnte und absagen müsste. Mein Parkometer ein Problem zu sehen, ist seither sehr hoch angesetzt.

Höre ich von Problemen, ich nicke, sage nichts und tue

so, als sei ich gleicher Meinung, vielleicht unterstütze ich auch die Aussagen. Es kommt immer darauf an, wie es mir geht, doch den Respekt und das Verständnis habe ich wieder gefunden.

Heute bin ich auch der Meinung, dass es nicht Schlimmes oder weniger Schlimmes gibt. Erzählt mir jemand seine Geschichte, sagt z. B., er hat seine Mutter mit 15 Jahren verloren und hinterher sagt er, natürlich sei das nicht so schlimm wie seine Tochter zu verlieren.

Ich habe heute die Meinung, alles, was an diesem Ort, in der Familie geschieht, ist an dieser Stelle schlimm. Betroffen sind immer die Angehörigen dieser Familie. Familie Schaub kann nicht fühlen, wie Familie Müller. Erkrankt oder stirbt jemand aus Familie Müller, ich kann nicht fühlen wie Müller, ich fühle wie Familie Schaub. Mitgefühl kann man haben, das ist auch eine ganz schöne Charaktereigenschaft.

Wie ich schon geschrieben habe, Mamis fühlen wie Mamis, Papis wie Papis und Bruder, Schwester wie Bruder und Schwester.

Vor meinem Schicksal hätte ich nicht gewusst, wie, doch würde heute eine Mami mir gegenüberstehen, die ihr Kind soeben verloren hat, wäre ich ganz stark, mit Tränen in den Augen, die meiner Tochter gelten, denn ich könnte meinen Erinnerungen und wie ich gefühlt habe in diesem Moment nicht standhalten. Ich würde ihr mit einer Zuversicht, es kommt alles wieder gut, gegenüber stehen. Sehr wahrscheinlich würde ich nicht einmal etwas sagen.

Ich weiss noch, wie es bei mir war, man ist nicht offen für gescheite Worte, denn in diesem Moment gibt es solche nicht.

Ist jemand nach Sinas Tod zu mir gekommen und sagte, ich finde keine Worte, war dies für mich der beste Entscheid, den ein Gegenüber für mich machen konnte.

Das Medium sagte zu mir, Sina hatte eine stille Zuversicht, wie es kommt, es kommt gut. Ich habe von meiner Tochter, von meinem Schicksal gelernt. Heute empfange ich feinere Frequenzen, meine Parameter sind viel sensibler eingestellt. Ich empfinde das nicht als unangenehm oder störend. Ich wurde gefragt, wie es mir ging am 2. Todestag von Sina. Ich antwortete:»Gut, mir geht es auch sonst sehr gut.« Es war so schön, all die Leute an ihrem Grab zu treffen. Es waren alles Personen aus der Familie. Ich hatte an diesem Tage nur einen Wunsch. Mike und Timm sollten uns, meinen Lebenspartner und mich begleiten. Dani war krank an diesem Tag, 39° Fieber. Meine Jungs haben mich in aller Selbstverständlichkeit begleitet. Die Zwei tragen unser, ihr Schicksal ohne Einschränkung oder es auszublenden, nein, sie stehen dazu. Können damit umgehen.

Keine einzige Träne ist an diesem Tag an ihrem Grab geflossen.

Ich hatte eher das Gefühl, alle waren glücklich bei Sina an ihrem Tag dort zu stehen. Sie bekam Geschenke, natürlich Blumen. Jeder hatte ein warmes, mit Liebe gefülltes Wort, das er im Stillen an sie richtete.

Mehr können wir nicht tun, dies zu akzeptieren und zu verarbeiten hat uns alle lange Zeit gekostet. Jetzt ernten wir die Früchte.

Ich schreibe von mir! Und ich kann wieder glücklich sein, mit einem Nest in mir, bestehend aus meiner Süssen. Ich kann euch dies nicht näher beschreiben, ich denke, diese Wahrnehmung gehört auch nur mir und Sina.

Auf die Frage zurück! Wenn ich sage, mir geht es gut, ich kann auch wieder glücklich sein: eines habe ich, das ich noch lernen muss.

In den Nächten kämpft mein Unterbewusstsein. Das

macht mir Probleme mit dem Kiefer und meine Zähne haben auch keine Freude daran.

Zwei positive und eine negativ ertragbare Aussage von mir.

Die Person, die mir die Frage gestellt hatte, hört nur den negativen Teil.

Antwortet, ja natürlich, dies ist das Schlimmste, was einem passieren kann. Dies wird dich dein Leben lang verfolgen, so etwas vergisst man nicht. Das ist ganz normal, dass du oder dein Körper reagiert.

Eine andere Person schrieb mir am Todestag: »Geht es einigermassen?«

Wenn ich solches erlebe, denke ich so oft: darf ich wieder glücklich sein? Darf ich es zulassen, wieder glücklich zu sein? Wie nach dem Tod von Sina, das erste Lachen ging über meine Lippen. Vor Schreck habe ich mir gleich den Mund zugehalten.

Heute ist doch einige Zeit vergangen. Ich habe so viel an mir gearbeitet, habe Tage und Nächte hinter mir, ich wusste nicht mehr weiter. Gedanken über Gedanken, was ist passiert, wieso meine Sina, wieso betrifft es mich? Mein Kopf drohte zu platzen. Die zwei Jahre der Trauer, das viele Weinen, die Gedanken chaotisch.

Ist nicht dies der Grund, wieso ich körperliche Schäden davontrage?

Doch ich glaube an mich und ich werde diese Probleme auch noch besiegen. Denn mir wurde ein Teil von mir genommen. Ich habe Schmerz empfunden, tiefen Schmerz im Herzen. Ich habe mich wieder hochgearbeitet, ich werde diesen Teil auch noch schaffen.

Könnt ihr verstehen, dass solche Aussagen oder vielleicht ist es Anteilnahme, einen Trauernden in die Tiefe reissen können?

Denn ich habe doch immer noch Tage, an denen ich nicht ganz so stark bin, wie ich sein möchte.

Ich habe meine Tochter verloren, ich musste mir grosse Mühe geben, viel Kraft aufbieten, dass ich heute wieder lachen kann und ich heute sagen kann, es geht mir gut. Denn da ist das schlechte Gewissen, sie musste sterben und ich kann leben. Diese Kraft und Stärke musste ich zuerst entwickeln.

Meine Mitmenschen können mir manchmal ein schlechtes Gefühl einreden mit ihren Aussagen.

Wenn ich sage, es geht mir gut, ich möchte leben, meine ich dies so. Wenn ich sage, ich habe noch mit der einen oder anderen Sache zu kämpfen, beklage ich mich nicht. Ich sage nur, ich kämpfe, aber kämpfe, um zu gewinnen, doch nicht, um zu verlieren.

Wenn mein Gegenüber so reagiert, habe ich nicht das Gefühl, ich werde der Gewinner sein.

Ich habe den Optimismus, ich verlange ihn auch von denen, die mich fragen, wie es mir geht.

Als mich Leute am Anfang fragten, wie es mir geht und ich antwortete: »Nicht gut«, später sagte ich: »Mal auf mal ab«, gingen sie einfach schweigend weiter. Bereuten es, gefragt zu haben. Als ich aber antwortete: »Es geht mir gut«, war ein Strahlen im Gesicht von dem, der mich gerade gefragt hatte.

Sie redeten wieder mit mir.

Von da an beschloss ich, fragt mich jemand, wie es mir geht, geht es mir gut.

Wird man im Leben so enttäuscht wie ich, lernt man ohne ein Studium, ohne einen Doktortitel oder ohne Professorenanrede. Einer, der ein Schicksal dieser Art erlebt hat, kann mir bestimmt zustimmen.

Wie klug und bedacht man das Leben beschreitet,

kommt nicht immer darauf an, welche qualifizierten Schulen oder Universitäten man besucht hat.

Lebenserfahrung kann eine sehr gute, brutale Schule sein.

»Mike«, habe ich so oft gesagt, »ich habe nur noch dich. Du bist noch der einzige Teil von mir.« Er musste es zulassen, davon zu profitieren. Mike ist es so bewusst. Er ist daran erwachsen geworden und nutzt seinen Vorteil überhaupt nicht aus. Das ist eine schöne Charaktereigenschaft von meinem Sohn. Dies macht mich stolz.

Heute ist der 25.5.2015. Gestern waren wir eingeladen bei Freunden. Es war ein schöner, gemütlicher Abend mit einem guten Essen.

Unsere Jungs sitzen bei uns am Tisch, gemütlich und wohlig. Wir alle diskutieren über unsere verlorene Sina. Unsere Jungs teilen uns mit, mit was sie stetig kämpfen und wie sie unter dem Verlust leiden. Ja, sie teilen uns mit, wie es für sie war, ihre kalte tote Schwester zu küssen, von ihr für immer Abschied zu nehmen.

Alle am Tisch haben Tränen in den Augen, sind froh, einander zu haben.

Mike, der Bruder von Sina, hat Schuldgefühle, denkt: Ich habe mich so Scheisse benommen, Sachen gemacht, die man nicht tut. Sina ist gegangen, um mich zu lehren.

Ja, Mike hat vielleicht Recht, Sina hat gelebt und ist gegangen, um uns alle zu lehren.

Wir dürfen deswegen kein schlechtes Gefühl haben, genau dies hat sie zu ihrem Ziel gemacht. Wir dürfen sie nicht enttäuschen.

Zurück zu unserer Einladung. Wir haben gelernt, das Wichtigste ist eine Berufsmatur, anschliessend Studium, bis zum Bachelor. Wir haben gelernt, als Eltern immer dahinter zu stehen. Sorry, ich mag dies sicher jedem meiner Kinder gönnen, möchten sie diesen Weg einschlagen. Natürlich bekommt es auch unsere Unterstützung.

Ich verstehe auch, dass diese Eltern Tränen in den Augen hatten, als ihr Sohn das Bachelor Diplom in die Hand bekam.

Ich möchte einfach sagen, gute Schulen schulen das Hirn unserer Kinder.

Ein solches Schicksal lehrt unsere Kinder das Leben.

Liebe Sina, ich möchte dir danken, dass du unsere Familie beehrt hast und versprechen, dass wir dich nie enttäuschen werden. Du warst uns eine gute Lehrerin.

99

Ich habe keine Zeit
Leute zu hassen,
die mich hassen,
weil ich zu sehr
damit beschäftigt
bin, Leute zu lieben,
die mich lieben.

66

Ich bin wirklich
kein perfekter
Mensch. Ich mache
und habe viele
Fehler, aber ich liebe
die Menschen, die bei
mir bleiben, obwohl
sie wissen, wie ich
wirklich bin.

Danksagung

Zuerst ein herzliches Dankeschön an all die, die an uns in dieser schweren Zeit gedacht haben.

Familie und Freunde, die sich immer und immer wieder bei mir meldeten, obwohl ich mich sehr wenig gemeldet habe.

Danke all denen. die uns in dieser schrecklichen Nacht beistanden. Oh ja, dies bringt beim einen oder anderen auch der Job mit sich, doch ich denke, wir mussten alle stärker sein als gewohnt.

Danke der Gemeinde und insbesondere der Fasnachtsgesellschaft, die uns ermöglicht haben, eine schöne Abdankungsfeier in dieser Grösse zu gestalten.

Danke dem Bestatter und seiner Frau, die Sina in ihrem Sarg wie einen Engel wunderschön aussehen liessen. Die liebe und fürsorgliche Art, wie sie ihr Amt ausüben und wir es erfahren durften.

Danke der lieben Frau Pfarrer, die eine schöne Predigt für Sina hielt.

Danke Beat, Rita und Dani, wir waren doch ein super Team. Wir haben uns gestützt, ergänzt, gemeinsam beschlossen, ich bin stolz auf uns, was wir auf die Beine gestellt haben, wir mussten etwas tun, doch solches wollten wir nie.

Danke, Dani Gyger mit seinem Team, für die wunderschöne Diashow, ihr habt mit den Fotos einen wundervollen Film von Sina geschaffen.

Danke den Besuchern von Sinas Grab. Die vielen Kerzlein, die für sie angezündet werden und Gaben, die ihr aufs Grab legt, machen mich im Herzen glücklich.

Danke dir, Ueli, für diese Bank, nicht nur wir haben Freude daran, nein, Besucher vom Grab sprechen mich darauf an und freuen sich darüber.

Die Pathologin vom IRM, Sie sind ein Schatz, Sina hätte Sie sehr gemocht. Mit Ihrem freundlichen, sympathischen Wesen haben Sie uns Fragen um Fragen beantwortet. Diese Antworten haben nach 10 langen Wochen des Wartens und Fragens, was ist geschehen, uns alle wieder etwas freier atmen lassen. Sie haben uns unterstützt, Kraft gegeben und uns zu den Ärzten begleitet. Herzlichen Dank an Sie.

An dieser Stelle möchte ich mich für das Gespräch und die Entschuldigung der Beteiligten bedanken.

Danke dem Kinderarzt, ich brauchte Ihre Begleitung und Ihren Rat bei Mike und Sina. Als unser Nesthäkchen verstarb, waren Sie für mich eine grosse Stütze. Danke, Herr Professor, Sie gingen an mir vorbei und boten mir einfach Ihre Hilfe an. Ihr habt mir ehrliche Antworten gegeben. In den Momenten, in denen ich dachte, jetzt drehe ich durch, haben Sie geholfen zu sehen.

Meinen Mitarbeiterinnen und Mitarbeitern, natürlich meine Chefs inbegriffen, danke ich für die Zeit und das Verständnis, das sie mir gaben und ich mich wohlfühlen durfte.

Einen herzlichen Dank meiner Therapeutin. Sie haben 2 Jahre meine Berg- und Talfahrten mit mir miterlebt. Stetig haben Sie für mich ein offenes Ohr gehabt und sind mir mit einem guten Rat beiseite gestanden. Okay! Dies ist auch Ihr Job, doch es ist nicht selbstverständlich für mich, es auf diese Art und Weise erleben zu dürfen. Ich wünsche Ihnen viel Erfolg mit Ihrer neuen Praxis.

Ich möchte mich bei meinen Au-pair-Mädchen bedanken, wenn euch Mike so oft das Leben schwer machte, Sina auf ihre quirlige Art euch unterhalten hat, der Alltag in unserer Familie so oft stressig war. Vergesst nicht, ihr habt es geschafft, sie liebte jedes einzelne von euch von Herzen. Ich denke oft an euch. Ich schaffe es nicht, euch zu kontaktieren und diese Nachricht zu überbringen. Sina ist tot! Ihr wart mir so eine grosse Hilfe, danke.

Justin, Janine, Olivia, Rahel, Ronya, Moana und all die neuen Freundinnen, die Sina in der neuen Schule gewonnen hat. Danke, ihr habt Sinas Leben zu Lebzeiten bereichert, sie hatte euch lieb und tut es sicher immer noch.

Danke, Mami und Papi. Ihr habt mir so oft mit meinen Kinderchen aus der Patsche geholfen. Sah ich den Weg nicht mehr, ihr wart immer da für eure Enkel.

Schwesterchen, du hast Sina oft eine Woche zu dir in die Ferien genommen. Sie kam immer so glücklich nach Hause. Sie betonte immer wieder, was für ein gutes Gotti sie habe. Danke dir für die Zeit, die du dir für meine Süsse genommen hast. Sie sagte immer »Gotti Zwerg«, denn sie hatte dich in der Grösse schon fast eingeholt.

Danke für die grosszügigen Spenden aus der Familie.

Danke, liebe Gabi, so oft warst du unser Feuerwehrmann. Musste ich kurzfristig arbeiten, bist du so oft eingesprungen. Hatte ich die Chance, einen guten Job an der Messe, gut bezahlt, zu ergattern, habe ich diesen annehmen können dank dir. Von meinem Lohn konnte ich mir mit meinen Kindern Skiferien leisten.

Meine Freundinnen, Carolin (Caco), Andrea, Therese, Gabi und Sabine; was wäre mein Leben ohne euch. So oft musstet ihr mir zuhören. Ich danke euch für eure Geduld, gute Gespräche, Ratschläge, ihr wart und seid für mich da. Dies werde ich für euch immer auch sein.

Danke für die vielen Beileidskarten und den »Bazen«, den wir von euch erhalten haben.

Ein grosser Dank an die zwei Landverkäufer. Das Land, das wir von euch kaufen dürfen, ermöglicht uns, immer in der Nähe von Sina zu sein. Dies bedeutet für mich sehr viel, den Dank werde ich im Herzen tragen.

Zuerst habe ich dich nicht gekannt, jetzt habe ich dich mittlerweile kennengelernt. Mit diesem Dank meine ich einen sympathischen älteren Herrn. Ja, dich! Dani hat dich gefragt, ob du das Manuskript von mir durchliest und mir dein Feedback geben kannst. Du hast dich sofort dazu bereit erklärt. Du hast in einer kurzen Zeit dieses gelesen und zusätzlich sogleich auch korrigiert. Ich habe dich nicht darum gebeten, trotzdem hast du gesehen, dass ich Hilfe brauche und mir diese einfach so gegeben. Ich möchte dir von Herzen danken für deine grosse Tat.

Mein grösstes Dankeschön gilt dir, meine liebe Tochter. Sina, du hast unser aller Leben bereichert, als du noch bei uns warst. Jetzt, wo du nicht mehr unter uns bist, lehrst du mich Dinge, ich wusste nicht, dass man die lernen kann. Du hast mich herausgefordert zu Lebzeiten, nun auch wieder. Eigentlich wollte ich immer meine Tochter lehren.

Danke, dass ich deine Schülerin sein durfte.

In Liebe deine Mami

Nachtrag

Ich gab einigen die Chance, einen Nachtrag bei mir ins Buch zu stellen. Dies hat nur eine Person getan. Ich war anfangs enttäuscht. Ich hörte verschiedene Gründe wieso nicht.

Von Anfang an, nach dem Tod von Sina habe ich geschrieben, zuerst nur Briefe, dann meine Notizen für mein Buch, die ich ja gar nicht gebraucht habe. Ich schrieb einfach drauf los. Sina, du bist bei mir im Herzen und im Kopf so präsent.

Ich habe begriffen, jeder trauert auf seine Art, jeder verarbeitet es auf seine Weise.

Ich habe meinen Weg, dies ist meiner und die andern haben ihren Weg.

Schon wieder lernen wir, Verständnis für andere zu haben, das macht unser Leben einfacher.

Ich bin nicht traurig, dass ich nur einen Nachtrag erhalten habe. Ich verstehe und akzeptiere!

Erinnerungen an Sina von Gotti »Caco«

Als mich Petra, die Mami von Sina und meine langjährige Freundin gefragt hat, ob ich ein paar Zeilen über Sina schreiben möchte, habe ich mich sehr gefreut, war berührt und dankbar.

Wie war Sina, wie habe ich sie erlebt?

Schon als Baby hatte Sina immer so ein wundervolles, herzliches Lachen, mit dem sie jeden anstecken konnte. Und ihre Stimme höre ich heute noch in meinen Ohren.

Um Sina schien das Leben meistens »einfach und ohne Sorgen«. So hab ich sie zumindest erlebt, wenn ich mit ihr Zeit verbringen durfte oder sie zusammen mit ihrem Bruder, meinem Gottenbub Mike, hüten durfte.

Oft denke ich an die Zeit zurück, als ich die beiden im Garten bei meiner Freundin hütete. Da ging dann schon mal die Post ab. Die beiden rannten durch den Garten, spielten Indianer und ich war froh, wenn ich entkam und sie mich nicht an den Marterpfahl banden. Die lauen Frühlings- oder Sommernachmittage und -abende habe ich noch in guter und schöner Erinnerung.

Zu dieser Zeit waren die Themen Computer und Handy noch nicht aktuell und wir haben viel gemeinsame Zeit draussen verbracht, Spiele gemacht, gebastelt oder einfach nur geblödelt. Sina war eine richtige Bastelmaus und man konnte sie schnell dafür begeistern. Sie hat so tolle Sachen gebastelt. Zum Geburtstag oder zu Weihnachten bekam ich meistens etwas Selbstgebasteltes von Sina, das meiste davon habe ich noch und stelle es immer wieder auf. Z. B. den schön bemalten, winterlichen Ziegelstein oder den Nikolaus aus Holz.

Manchmal habe ich auch bei Sina und Mike übernachtet

oder bin mit ihnen eingeschlafen, bis Petra von der Arbeit nach Hause kam und mich geweckt hat. Dann torkelte ich meistens schlaftrunken nach Hause, aber immer glücklich und zufrieden. Ich wohnte ja nur ein paar Häuser von Sina und Mike entfernt.

Sina war so unkompliziert. Meistens musste ich mir gar kein grosses Freizeit-Programm ausdenken, wenn ich sie hütete. Sie war überall mit dabei, sei es beim Einkaufen, im Garten mithelfen oder einfach nur chillen und reden, auf einen Besuch bei meinen Eltern, einen Film ansehen etc., es war immer lustig und abwechslungsreich mit ihr.

Sina hatte gerne Menschen um sich, aber manchmal war sie auch ganz gerne alleine und verzog sich in ihr Zimmer. Wenn wir z.b. zu Besuch bei ihr waren, sagte Sie oft:»Gotti Caco (so nannte sie mich liebevoll, obwohl ich eigentlich nicht ihr Gotti war) komm zu mir ins Zimmer, ich zeig dir was.« Und dann ging ich mit und wir plauderten zu zweit und sie zeigte mir, was sie gerade gebastelt oder gezeichnet hatte. Wir vergassen dann oft die Zeit und dass ja noch andere Besucher im Garten sassen und auf uns warteten.

Ich war auch ein paar Mal mit Sina, ihrer Familie und Freunden in den Ferien. Besonders schön waren die Ferien in Spanien im Jahr 2004. Sina war 3 Jahre alt. Wir waren in einem kleinen Häuschen und es war ein Stück zu laufen bis ans Meer. Wenn ich Sina dann am Händchen halten durfte, um mit ihr zum Strand zu spazieren, war dies ein ganz besonderer Moment für mich und ich fühlte mich wie eine »Mami«, die ich immer gerne gewesen wäre. Diese Momente werde ich niemals vergessen.

Sina und ich hatten eine ganz besondere Bindung zueinander, die sich nicht in Worte fassen lässt und ich denke, es wird noch vielen so gegangen sein, die Sina kannten.

Auch mit Mike hatten wir grossen Spass in diesen Ferien.

In der Nähe des Hauses war ein Supermarkt und wir haben oft dort eingekauft und mein damaliger Ehemann hat für Mike die feinen Spiesschen gekauft, die auch Sina liebte. Nach dem Essen haben Sina und ich oft den Abwasch gemacht. Dort entstand auch mein Lieblingsfoto mit Sina. Ein ganz schöner Ausflug war auch, als wir, eine ganze Meute, zusammen in den Europapark Rust gingen oder den Wasserfall in unserer Nähe besuchten. Es war ein richtig heisser Sommertag und wir sprangen von Stein zu Stein und auch die Schäferhündin Ashja, die treue Begleiterin, freute sich. Sina hatte einen guten Draht zu Tieren. Katzen hatte sie besonders gern. Eines ihrer Büsi hiess Nici und war rothaarig. Irgendwie war dieses Büsi genau auf Sina zugeschnitten. Nici war genauso lebendig und quirlig wie Sina und hüpfte auch so rum wie Sina. Und abends, wenn dann beide sehr müde waren, schlief Nici am Kopf- oder am Fussende von Sinas Bett ein. Ein unvergessliches Bild.

Sina hatte eine besondere Gabe. Sie konnte die Menschen im Herzen berühren und auch trösten. Sie wusste schon so viel in ihrem jungen Leben und hatte einen 7. Sinn.

Im Jahr 2008 zog ich aus privaten Gründen von meinem langjährigen Wohnort weg, wo auch Sina lebte, und war das erste Mal alleine in meinem Leben. Sina besuchte mich ab und zu am neuen Ort. Dann fühlte ich mich nicht mehr so alleine und sie brachte mich wieder zum Lachen.

Im Jahr 2010 zügelte ich dann nochmals einige Dörfer weiter weg, aber auch der neue Ort war nicht zu weit weg für Sina, um »Gotti Caco« zu besuchen oder ein paar Ferientage bei uns zu verbringen.

Im November 2011 starb meine Katze Luna, die mir sehr viel bedeutete. Genau an diesem Wochenende, als ich Luna einschläfern lassen musste, war Sina wieder einmal bei mir zu Besuch und begleitete mich zum Tierarzt. Ich war sehr traurig, doch Sina tröstete mich und sagte:»Gotti Caco, sieh es doch so: Luna ist jetzt im Katzenhimmel bei Nici, ihr wird es dort sicher viel besser gehen als hier. Gotti Caco, du musst wirklich nicht traurig sein. Weisst du, der Katzenhimmel ist ganz gross. Dort leben alle unsere Büsis, die je bei uns waren und später werden wir sie alle wiedersehen. Bestimmt haben sie es toll dort und spielen miteinander. Und Luna wird Nici kennenlernen.«

Die kleine Sina tröstete ihr grosses »Gotti Caco«, dabei sollte es doch umgekehrt sein. Irgendwie kam ich mir in diesem Moment schon komisch vor, doch es hat so gut getan und mir so geholfen. Danke, Sineli.

Das letzte Mal, als ich Sina sah, bevor sie von uns gegangen ist, war ca. zwei Wochen vor dem 14. Februar 2013 in der Badi. Ich traf sie dort mit ihrem Freund Justin. Jetzt hatte die kleine Sina einen Freund. Schön, dass sie Justin noch kennenlernen durfte.

Ich bin ganz sicher, dass viele Verwandte, Bekannte und liebe Menschen, die Sina kannten, genauso viele tolle Erlebnisse mit ihr hatten wie ich oder sicher noch mehr, auch wenn sie in diesem Buch nicht aufgeführt sind. Ich hoffe, mit diesen wenigen Zeilen vielen aus dem Herzen gesprochen zu haben, die genauso viele Geschichten von ihr und mit ihr erzählen könnten und das vielleicht auch tun, nur auf eine andere Art und Weise, als in diesem Buch. Bei allen, die Sina gekannt und erlebt haben, wird sie immer im Herzen bleiben und Spuren hinterlassen haben, da bin ich mir ganz sicher. Sie hat uns so viel gezeigt in ihrem viel kurzen Leben.

Sina, du bist und warst einzigartig, einmalig und einfach wundervoll! Danke, Sina, für alles, was du uns mit auf den Weg gegeben hast und wir von dir lernen durften. Danke für dein Lachen, deine Freude und die Zeit, die wir mit dir verbringen durften. Viel zu früh musstest du von uns gehen, aber wir werden uns wiedersehen, ganz bestimmt.

Und du wirst weiter wirken in uns allen, wenn auch an einem anderen Ort.

Wir vermissen dich sehr!

In Liebi 's Gotti Caco und alli, wo an dich denke und dich im Herze träge.

Gönner-Liste auf ProjektStarter

Danke für euer Vertrauen und die finanzielle Unterstützung. Nur mit eurer Hilfe kann ich jetzt mein Manuskript auf eine Reise schicken und wenn ihr dies lest. ist daraus bereits ein Buch geworden.

- Magdalena Dürrenberger
- Markus & Doris Dürrenberger + Zingg
- Ueli Schaub
- Luciano Sigura
- Schuber Silke
- Klaus Andrea
- Sandra Schumacher
- Marco Breitenstein
- Jana Fiechter
- Caroline + Franz Dürrenberger + Berchier
- Sarah Gisler
- Heidi und Urs Gisler
- Thomas Müller
- Ruedi Baechler
- Fiona Birrer
- Mike Schaub & Timm Fiechter
- Romeo und Gabriele Rocchetti
- Daysi Itin
- Ronya Handschin
- Familie Häsler
- Rainer Fretz-Männel
- Jacqueline Schaub-Müller
- Tanja Fiechter
- Jennifer Stäger Reto Lüdi

- Eugen Fricker
- Sonja Brogli
- Marianne und Edi Di Lello
- Jelena&Marcel Jeandrevin&Jörg
- M+H Bachmann's
- Hanspeter Wirz
- Walter Greminger
- Regula und Armin Mangold
- Hanni & Hanspeter Misteli
- Rösli & Walti Dalcher
- Patricia & Adi Bruhin Misteli
- Gaby Schmidlin
- Vreni & Bruno Engel
- Anita & Bruno Schwager
- Familie Tiéche
- Myrtha Erni
- Züllig Heidi
- Sabine & Daniel Schaub
- Anuschka Erb
- Margot Bittighoffer
- Therese Handschin
- Barbara Dusseiller
- Vreni Schaub
- Katja Gisin
- Hannelore Gisin
- Urs Schmassmann
- Dänu, Alex & Sara Gyger
- Claudia Wenger
- Carole Handschin
- FCB Karli Odermatt
- Jürg Aebi
- Eva Candrian

- Daniel Fries Live Wire
- Patrik Schwarb
- Boris Sommer
- Stiebel Eltron AG
- Ruedi Roth
- Roger Schaffner
- Gisela Jehle
- Inge Frei
- Agnes Hägler
- Stefania Basile
- Annelise Imhof
- Nicole Lienert
- Myrtha + Hans Bäckert
- Familie Sandra, Micha & Luca Rentsch
- Rolf Bäckert
- Sandra Bäckert
- Familie Schaer Michel und Fränzi
- Victor Verrari
- Schüler von der Sekundarschule, die Sina besuchte
- Nicole Bürckin, Lisa Leuenberger, Silvia Salathe, Florina Hilber und Aaranya Sachithananthan Jugi Lohn
- Patientenadministration in unserem Haus
- Zusammengetragene Zustupfe aus dem ganzen Haus
- Technischer Dienst aus unserem Haus
- Zimmerservice aus unserem Haus
- All den Organisatoren (Nicole Bürkin, Carole und Ronja Handschin, Aaranya Sachithanantan. Lisa Leuenberger und Andy Schaffner)
- All den Läufern am Sponsorenlauf
- All den Spendern am Sponsorenlauf

- All den Helfern am Kuchenstand
  (Caroline Dürrenberger, Astrid Fischer, Rita Gattlen, Nathalie Küng, Achara und Peter Brandt, Adrian Dürrenberger)
- All den Einkäufern am Kuchenstand
- Schnittstube Dominique Krapf
- Frauenverein aus unserem Dorf

Alle, die ich vergessen habe oder die nicht erwähnt werden möchten